資本與意識形態

經濟學知識漫畫

CAPITAL & IDEOLOGY

A GRAPHIC NOVEL ADAPTATION

| 原著 |

THOMAS PIKETTY

托瑪・皮凱提

| 改編 |

CLAIRE ALET
克萊兒・阿萊

| 改編 |

BENJAMIN ADAM
班亞曼・亞當

Beyond 62
資本與意識形態：經濟學知識漫畫
Capital & Ideology
A Graphic novel adaptation

原　　著	托瑪・皮凱提（Thomas Piketty）
改編作者	克萊兒・阿萊（Claire Alet）、班亞曼・亞當（Benjamin Adam）
譯　　者	陳詠薇
副總編輯	洪仕翰
責任編輯	陳怡潔
行銷總監	陳雅雯
行　　銷	趙鴻祐、張偉豪、張詠晶
封面設計	萬勝安
排　　版	關雅云

出　　版	衛城出版／遠足文化事業股份有限公司
發　　行	遠足文化事業股份有限公司（讀書共和國出版集團）
地　　址	23141　新北市新店區民權路108-3號8樓
電　　話	02-22181417
傳　　真	02-22180727
客服專線	0800221029
法律顧問	華洋法律事務所蘇文生律師
印　　刷	呈靖彩藝有限公司
初版一刷	2024年04月
初版二刷	2024年05月
定　　價	650元
ＩＳＢＮ	978-626-7376-31-7

國家圖書館出版品預行編目(CIP)資料

資本與意識形態：經濟學知識漫畫/克萊兒·阿萊
(Claire Alet), 班亞曼·亞當(Benjamin Adam)改編
; 陳詠薇譯. -- 初版. -- 新北市：衛城出版, 遠足
文化事業股份有限公司, 2024.04
　面；　公分. -- (Beyond ; 62)
譯自：Capital et idéologie : d'après le livre de
Thomas Piketty.
ISBN 978-626-7376-31-7(平裝)

1.CST：資本主義 2.CST：經濟學 3.CST：漫畫

550.187　　　　　　　　　　　　113002015

獻給所有繼承這世界的孩子們。

致所有反對不平等的人們。

——克萊兒・阿萊

1901

朱勒

巴黎
1901年2月23日

叮叮叮叮

叮叮叮叮

客廳
房間
辦公室
書房

咚嚨咚嚨

咚嚨咚嚨

早安，
先生。

啊！
早安，瑪特。

我急著要出門一趟，
可以幫我把咖啡拿來嗎？

另外，我
還要讀一篇報導。

朱勒

法國正處於
關於稅收的辯論之中

卡滋
卡滋

所得稅就是
稅務裁判所！

沒錯！這根本是
把我們當異端！

去年，
受到英國所得稅
的啟發

法國的財務部長
約瑟夫‧卡約
（Joseph Caillaux）
提出了一項所得稅提案

他並不是第一位提出的人：
自1894以來，
除了雷蒙‧普恩加萊以外

他是我們的
一份子！

所有

的財務部長
都提出了所得稅提案！

議會在
二月進行辯論

我們別吵架，
保持禮貌，
保持冷靜！

這一次，
反對的聲音一樣很激烈，
尤其是在參議院

如同法國大部分的富人，
朱勒也非常憤怒

……說得好像是我們
偷了那些錢似的！

沒錯，
朱勒很有錢

朱勒先生，
您的帽子。

謝謝你，
瑪特。

天啊！我真的希望反對派
能堅持到底！

今天早上
他和他的銀行家也有約

去銀行的路上，
朱勒必須穿越瑪德蓮市場

他遇到一位朋友，埃內斯特

朱勒！

怎麼？

蹦

他們兩位都處於
前十分位數：
他們是法國最有錢的前 10% 富人之一

小心點，
老哥！

埃內斯特！
你好嗎？

我正在
工作！

這是什麼？　　　　這項指標常常用來衡量不平等程度

這個指標依照收入或財富
將人口分為 十個等級，
並由上而下遞減

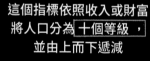

他以為
他是誰
啊？

最高的等級，

也就是朱勒和埃內斯特的等級，
代表著最富有的10%人口

在一個完全平等的社會中
（這種社會不存在）

嗨，老兄！

每個等級的人拿到的財富數量
完全相同

在1901年高度不平等的歐洲

喲，
我全要了！

前10%的富人
擁有80%到90%的財富

8

這個市場中，
幾乎所有其他人都屬於 最貧窮的50%

你要
去哪？

他們幾乎一無所有，
只有1%到2%的財產！

我要去昂坦路，
你要和我一起去嗎？

好啊。你今天早上讀
《費加洛報》了嗎？

讀了！

他們到底還要再提出這個
新稅制多少次才會滿意？

我們是由資產持有
者組成的國家。

我們不需要
更好的分配方式！

更別提了，
說到平等，已經
有大革命了！

沒錯！

埃內斯特和他一樣
反對這個稅制

迄今為止，
法國大革命以來的稅收制度
運作得很好：

自由
平等
比例

但這條法律一旦通過，
將改變現狀

比例稅制才是正常的！
稅前眾生平等……
如同在上帝面前一樣！

為何要累進稅？
以後還會有什麼？

為什麼
我們要付得比別人多？

比例稅、累進稅……
這兩種稅制到底有什麼差別？

9

比例稅制是什麼？

無論財富水準如何，
只有單一種稅率

🍎🍎🍎🍎🍎
🍎🍎🍎🍎🍎

每個納稅人
支付相同份額的
收入或資產

10%
(舉例)

這是一種
低分配稅：

別碰
我的
錢

直觀上來看這似乎很公平，
但卻完美地保持著不公平

由於富者恆富，
貧者恆貧

🍎 稅　　🍎 基本需求
🍎 資本積蓄

這個稅制
對最富有的人最有利

累進稅制又是什麼？

特點是，
將收入或財富劃分為
不同等級

✂

**每個等級適用的
稅率都不同**

每個等級中的
所有人都是一樣
的稅率

1 🍎🍎🍎🍎🍎🍎🍎🍎🍎🍎
2 🍎🍎🍎🍎🍎🍎🍎🍎🍎🍎
3 🍎🍎🍎🍎🍎🍎🍎🍎🍎🍎
4 🍎🍎🍎🍎🍎🍎🍎🍎🍎🍎

財富階層較高的富人
稅率也比較多

這種稅制的
再分配性比較高：

🍎 S E R V I C E 🍎
🍎 P U B L I C 🍎

*蘋果裡的單字為service
public，意為公共服務

為了整個社會的利益，
對收入較高的人徵更多的稅

無論所得稅還是財產稅，
1901年的這週

關鍵的不僅僅是
稅制改革

若引進累進稅制，
整個稅收理念也都將改變

Φ

在法國，
稅收將首次致力於
縮減不平等

這正是令朱勒和其他反對者
感到害怕的地方

好啦，相信我，這絕對過不了！

對每個人來說都太有風險了！

如果你這麼說的話……

反正在這週內我們就會知道了！

話說，我們週五見囉？

週五？

我說你啊，朱勒，你知道吧，星期五晚上，全巴黎的人都會在布洛涅！

啊，對哦。

親愛的朋友，你這不是還單身嗎？稍微露個臉吧

您看看，蓋蘭先生的投資組合多麼多元！

*巴黎與荷蘭銀行

當然是聽了我的建議！

像是法國和外國私人股票及債券、公債……諸如此類。

我懂了，安全的投資。

沒錯！

兩位先生，你們告訴我，目前最好的投資是什麼？

哦，所有鋼鐵和俄羅斯債券都是很好的投資……

那您怎麼看？您會建議我什麼？

運喝。

什麼？

不好意思，是運河。

投資蘇伊士運河、巴拿馬運河……或兩者都投資！

雖然風險較大，但……風險代表回報！

聽起來很有趣，我們之後再來討論吧！

哎呀，這就是青春！

不但對財富野心勃勃，又對未知的事務毫無成見，你們一定能好好相處。

我想請問您一個問題……您認為我的所有資產中，金融資產應該占多少才對？

這是他們永遠都拿不走的。

至少一半才行！

在1901年，金融資產是不用納稅的

您看起來很煩惱。

蓋蘭先生您在煩惱什麼啊？

說真的，我很擔心這個累進稅提案……

我的意思是，如果繼續這樣推動，誰知道最終會走到哪一步？

我在想，這個累進稅提案的目的，不就是要我們幫其他人付錢嗎？

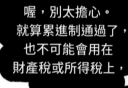

喔，別太擔心。就算累進制通過了，也不可能會用在財產稅或所得稅上，

最多只會改變遺產稅的課徵制度，而且……

我和您說的是原則問題！自大革命以來，所有稅收都是按比例稅制徵收。

我同意您的觀點，這真的是史無前例。

從來沒有一種稅收會依照納稅人的收入而有所不同！

布洛涅

星期五

先生，您的車真漂亮
要我幫您泊車嗎？

真是太好了，
麻煩您了，
謝謝。

這是
憑證。

朱勒！
我的朋友啊！

你看到那條法律了嗎？
我們躲過了最壞的情況！

你是
這樣想嗎？

嘿，先是針對遺產稅，然後呢？

後來1901年2月25日通過法律，
遺產稅採累進制徵收。

我從沒想過這會通過！
我還自豪自己
對這種事的直覺
特別敏銳呢……

……我想你肯定還有別的事。
不打擾你了。

我……我們見過嗎？
您看起來很眼熟。

我想想喔……
我們是不是
在加州飯店見過？

在坎城嗎？沒錯！
我曾和家人在那裡過幾個夏天！
您常去那裡嗎？

沒那麼常去，
但我很會記人！

我真佩服您，
我不太善於認人
哈哈！

只要仔細觀察就
可以記得囉。

不過，我猜也許
您沒那個閒情逸致？

嘿，你看……
您猜他們兩個是誰？

要我猜？
嗯……

試試看嘛！

我們活在一個
如此嶄新的時代！

您看看，我們有
汽車、電力、收音機、電報，
甚至橫跨大西洋了！

我猜……
他們都在金融業工作，
至少右邊那位是，
然後……我覺得……

他的名字叫做
費迪南。

……費迪南？

怎麼了？

哇，天啊！

我當然是和他說，他長得
一臉就叫做費迪南的樣子。

不然您想要我
說什麼？！

請原諒我，
我作弊了。

費迪南負責管理我的資產。
我叫做朱勒，您呢？

嘻嘻。

我叫露易絲，
很高興認識您。

這真是太精彩了，有一瞬間我還真的相信了！您是哪裡人呢，作弊先生？

坎城嗎？

您覺得呢？您可是自稱是個敏銳的觀察者。

哈哈，很厲害！

從這無法得知您是哪裡人，我投降！

我想想喔……您有一位資產管理員，因此您應該不是在這裡當服務生……

我是波爾多人。

您的父母也是波爾多人嗎？

我的母親是。她為了我父親嫁到巴黎。

他們現在如何？

都離開了。

我親愛的母親啊，在巴黎時渴望自己能在阿卡雄*，在阿卡雄時渴望自己能在巴黎。

而我的父親呢，他很不喜歡我經營母親遺產的決定，一直批評我……

……他除了經營一家小型家庭工廠以外，從沒管理過任何事物。

那您在做什麼呢？您沒有工作嗎？

當然有！

要用遺產來錢滾錢，可是要花很多時間的。

……你說的沒錯！來，我們去喝一杯。

和我多說一點波爾多的事吧。

我想想，我曾祖母的父親在那裡有幾塊地。

*阿卡雄（Arcachon）是法國西南部的城市，鄰近波爾多

1789

皮耶
&讓·巴帝斯特

皮耶

是朱勒的曾曾祖父

他是一名貴族

憑著在波爾多的土地，他壟斷了烤房和磨坊，並索取所謂的 設施使用費

不僅如此，他還從徭役中獲得龐大收益：所有耕種他的土地的農民，都必須免費幫他工作幾天

當農民想把自己耕種的土地轉讓給其他人時，

你們好啊，朋友們！

皮耶就可獲得土地買賣稅

土地買賣稅

相當於轉讓稅

我為自己添一杯酒，哼。

像皮耶這樣的領主，只要他的土地有開墾交易，領土便可以從中獲得利益

皮耶是一位名士，是吉憂·德·薩勞內家族一員

他的弟弟叫讓·巴帝斯特

讓·巴帝斯特

是一名教士

他之所以成為教士，是因為他的家族就跟舊制度下的許多貴族家族一樣，

不給予次子繼承權，所以讓·巴帝斯特不能繼承家族，所有財產的繼承權集中在皮耶手中

「舊制度」是什麼？

這是指法國大革命前的社會，
這種社會分成三個等級，由高而低分別是：

您不覺得我們真是相輔相成嗎？

無庸置疑！

關於這點，我希望我們……

太好了，我們想的一樣！

教士、貴族、平民

在這種所謂的三元社會中，
三個社會群體之間的不平等

我們彼此互補！

反而變得合理化了

問題是

在1780年，哪兩個階級的人口**占法國總人口不到2%**，卻控制著大部分資源和資產呢？

嗯，這個嘛

唉呀！我家應有盡有呢！耶～

嘖。

教士　　貴族　　平民

答對了！當然是貴族和教士！

革命問答

教士　貴族　平民

教士跟貴族擁有的財產，超過社會總財產的一半！

這使得他們成為主導人物

平民，也就是**其他所有人**，共享剩下的一半資產

噢，對。

真是的，別太誇張。

對啦對啦，我們三個階級的確是互補的最好是……

不但主導了社會，也主導了政治走向

卻完全沒有任何機會改變

直到
法國大革命
挑戰了這個制度

才衝擊到朱勒的祖先和其他人

波爾多
1789年8月

那些特權已經投票通過正式廢除了！

這裡有最新消息喲！

皮耶和弟弟有約

自從巴黎七月事件的消息傳到城裡後

公民。

真煩，開口閉口公民的。

如同其他特權階級人士，皮耶跟讓‧巴帝斯特感到非常焦慮

事實上，法國大革命已經讓他們兩個踏上截然不同的命運

我愛平等路

處處可見改變的跡象，就**連路名也改頭換面**

你為每個人服務嗎？

Tambour Royal

但人們卻不太清楚要如何**真正地**實踐

*Tambour 為法文的「鼓」，被劃掉的 Royal 則是「皇家」

哇，這份報紙上寫了一則評論，它說：教士和貴族的特權被廢除後，這些革命家必須展開立法工作，也就是立一份完整的特權清單……

哪些特權則是合法的，可以予以保留，

嘖！

以及哪些特權被剝奪後依然可以獲得補償。

CABARETIER

……清單上必須清楚劃分哪些特權要被廢除，

拜託！

太不客氣了吧！

法國大革命對當時擁有資產的人來說
簡直是一連串糟糕透頂的問題

也就是朱勒於1901年提出的：

「廢除特權」？
這是什麼意思？

沒有劃分成三種階級，
要怎樣確保社會穩定？

而且更別提了，
現在這樣的三種階級不是
跟三位一體很像嘛！

如果繼續這樣推動，
最終會走到哪一步？

其中一個問題，
是其他所有問題的根源

我們將會看到，
這種恐懼橫跨各個時代

兩兄弟很快將會知道

重審
權利
和
所有權

以上兩者就是大革命的
重要根基之一

為了實現這個目標，
新的立法者必須仰賴兩大原則：

保障

維持

財產權

中央集權

財產權

成為了與生俱來權利且
擁有不受時效限制的法律地位

人權和公民
權利宣言

是人權和公民權利
宣言第二條
保障的權利

這樣的目的在
承諾個人解放

和保障社會穩定

這東西還有個名稱

什麼？

公布答案！這是一個
「所有權社會」

在這樣的所有權社會中，財產權是社會制度的基石

1790 年 國民議會

所有權的前生
便是所謂的 土地登記冊

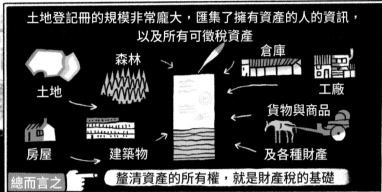

土地登記冊的規模非常龐大，匯集了擁有資產的人的資訊，
以及所有可徵稅資產

土地　森林　倉庫
房屋　建築物　工廠
貨物與商品
及各種財產

總而言之 👉 釐清資產的所有權，就是財產稅的基礎

在這個制度下，

注意！

我 責 在 此 守衛

穿越此地，後果自負

中央政府

因此成為了
財產權的保護者

舉例來說，
所有權變更時
要支付的費用

都是以 土地買賣稅 的名義
進到皮耶的口袋中，
如今不再如此

現在，它被稱為

轉移稅 ＊

並且仍然依照
比例稅制徵收

支付金額

🍎🍎🍎🍎🍎
🍎🍎🍎🍎🍎

應稅金額

除了名字變了，
最大的改變 在其他方面：

這筆轉移稅
將不會再支付給地方領主，

……而是給政府！

嘿！
嘿！

因此，
在兩兄弟中，
皮耶成了第一個輸家

-1

他再也沒有土地買賣稅了！

＊轉移稅（droit de mutation）現在依然存在，是所謂公證費（frais de notaire）的一部分

儘管如此，
起初他的損失並不大

我的老天爺啊，
希望他們能保持理智……

他的弟弟，讓·巴帝斯特，
則截然不同

廢除分為好幾個階段
但進行方式卻相當混亂

1

其中第一個階段被稱為
歷史階段
1789-1790

神職人員的資產收歸國有，
教會什一稅*被廢除

遊戲結束
重新開始

讓·巴帝斯特失去了
他的教會！

雖然除了土地買賣稅以外，
皮耶也無法再次
壟斷烤房和磨坊，

但他還可以從
徭役中獲取利益

再加上，根據「世上沒有無主之地」的原則，
長期的土地所有權關係不應受到質疑，

他們
離開了嗎？

他們都離開了，
剩下我們。

他仍然是其土地的所有者

因此，結果是，
在這個相對保守的前期

啊～沒事的
沒事的
沒事的。

啊～
那些家財萬貫
的人可以
逃過一劫。

根本影響不到他的資產

但接下來的階段稱為
語言階段
1793-1794
由法國國民公會主導

2

這將是一場滅頂之災

一切特權，
像是封建權
和地租

只要是這些特權使用的是
封建制度時期的術語，像是

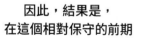

人頭稅。

年貢。

徭役。

都立即廢除，
完全不補償

*教會什一稅為教會向信徒徵收的宗教稅

土地使用者
<u>無需支付任何費用</u>，
即可成為所有者

他們
走了嗎？

他們走了，
我們也
上路吧。

皮耶失去了他的土地

就連其他所有特權
都被剝奪

但故事沒有就此
<u>畫下句點</u>

因為他的後代朱勒，
在1901年的布洛涅晚會中

是個有資產管理員，
且身在上流社會的收租者，
而非一個幸運的服務生

＊致敬勞勃·辛密克斯的《回到未來》

這個語言時期之後
迎來了

督政府時期

1795-1799

你喜歡
大革命嗎？

那個已經
結束了啦！

一切打掉重來

法國國民公會之後
建立了革命後獨裁政權

當時為了恢復特權，
法律鬥爭接連不斷

許多1789年前的
<u>資產持有者</u>

舊制度製造
純羊毛

像是收捆羊毛般
漸漸收回了失去的財產，
皮耶也不例外

從大革命到二十世紀初
這段期間發明的所有稅收，
都將嚴格地按比例稅制徵收

那又怎樣？

本來就已經
太超過了！

這讓有錢人的財富累積的越來越快……

皮耶可以鬆一口氣了

（朱勒也是）

拉科斯特先生
是一名國家註冊行政官員
通常沒有人知道他是誰

然而,卻是他開創了
累進稅 概念

他於1792年發布的草案,

拉科斯特提案
國家
繼承法
巴黎

成為眾多
革命集會
中的辯論焦點

自1792年以來,
就有人提出遺產稅
要實施累進稅制

如果

按照拉科斯特先生
建議的那樣,

……我們要依據遺產的價值
來徵收不同比例的稅收嗎?

讓我來舉例說明,
對價值最低的遺產
徵收低於5%的稅,

然後對價值最高的遺產
徵收最高65%的稅?

公民們!
走到這一步

特權都已被廢除!
全民都可享有財產!
難道不是嗎?

我們不需要再徵收這種稅,
因為財富自然會趨向平等!

但是,重新分配和公平的所有權並不是此時的核心問題

因此,
新實施的稅收將會履行
比例稅制
單一且適度
的稅率

也就是說
不論收入多少或擁有多少資產
稅收都是一樣的

法國大革命
反而開始呈現一種
令人難以置信的矛盾:

一方面是
極度強烈
的平等象徵

我們已經經歷大革命了,
不需要再重新分配!

卻又澆熄了未來兩百年
對進步和累進稅的熱情

實際上，
法國大革命
創建了一個
極度不平等的社會

也就是1800至1914年的
所有權社會

你可能會想知道
如何評估一個社會的
不平等程度？

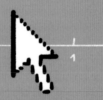

我們可以區分為

兩種不平等

1 資產不平等

沒有限制資產上限

我們可以想像
有一個或少數幾個人
擁有社會上全部的資產！

2 所得不平等

和資產不平等截然不同，
是指一年中所創造的總財富的分配程度

芒什省
麵粉 糖 乳酪
Blé 奶油 皮卡第
伊西尼 麵粉 新鮮乳酪
奶油 盧昂 糖 蘭斯
乳酪
諾曼第 卡門貝爾 巴黎
蘋果酒 酒 乳酪
罐頭 麵粉

從定義上來說，所得不平等的程度應該受到限制，
因為最貧窮的人面臨了生存威脅線

他們可以一無所有

但不能沒有飯吃！

因此，在一個非常貧窮的社會中，
即每個人都處在生存的邊緣，

能分的很少

稍微出一點
差錯就會死

邏輯上
就不可能有太嚴重的不平等

但當一個社會越富裕，
不平等的可能就越大

裝特別多

空無一物

而奴隸社會的不平等程度
顯然最為嚴重

1794

皮耶、潔蔓
&埃莉諾

讓我們回到大革命前

1788年

波本島、模里西斯島、安的列斯群島屬於法國，是歐美世界奴隸最集中的地方

聖多明哥

是西班牙和法國
共同享有的領土

法國領土

西班牙領土

奴隸的比例高達總人口的90%

這是一座實實在在的奴隸島

島上不平等的現象十分嚴重

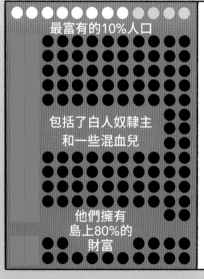

最富有的10%人口

包括了白人奴隸主
和一些混血兒

他們擁有
島上80%的
財富

這裡的政治和
意識形態設計
非常明確：

有些人擁有
其他人類的所有權

因此，
奴隸被剝奪所有權利

237-028-193

包括
擁有個人身分或
擁有家庭的權利

1789年7月

在大革命時，
白人殖民者拒絕給予有色人種政治權利，
即便有些人是自由之身也不給予

我們知道這哪裡開始，
但不知道最後會走到哪！

但奴隸比例過高，
反而加劇了叛亂的風險

結果就是，1791年8月，
超過12000名奴隸奮起反抗

農田被燒毀，
耕種者紛紛逃離，
其中包括皮耶的員工

說到皮耶，
嘿，朱勒在哪？

哇……天啊！
在勒圖凱和阿卡雄
都分別有一棟房子？

他們似乎已經變熟了，
聊得很起勁

在我的家鄉美國那裡，
要像你那麼富裕，
必須要擁有棉花田

……和很多奴隸呢！

親愛的露易絲，在這個問題上，
我通常很謹慎地應對，
不敢妄下道德批判……

……但據我所知，
我的家族已流傳多代
但可從來沒有蓄過奴！

朱勒大錯特錯。
人口販賣讓他的家族賺得滿滿

雖然他祖先的農田
於1791年付之一炬

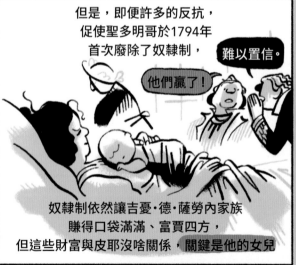

但是，即便許多的反抗，
促使聖多明哥於1794年
首次廢除了奴隸制，

難以置信。

他們贏了！

奴隸制依然讓吉憂·德·薩勞內家族
賺得口袋滿滿、富賈四方，
但這些財富與皮耶沒啥關係，關鍵是他的女兒

然而，
故事的開始並不順利！

潔蔓

於1794年出生於波爾多

當時，吉憂·德·薩勞內家族，
如同其他白人資產持有者，

在聖多明哥的資產
都被沒收了

1802年

當潔蔓在上她的
第一堂鋼琴課時

拿破崙
迫於奴隸主施加的壓力，

重建了奴隸制

1804年

當她在喜愛的表妹埃莉諾的
1歲生日那天演奏時

聖多明哥宣布獨立！

一帆風順！

總的來說⋯⋯
看來皮耶的海外資產沒了

在資產被剝奪之前，
1814年，潔蔓結婚了

嫁給
阿奇伯勒德·貝諾·德·拉·加爾德
他以海上貿易致富

潔蔓和他生一個小孩，
然後兩個，接著三個⋯⋯

喬瑟夫是
第三個孩子

1820年

但潔蔓在1821年
失去了丈夫

在4年後
失去了父親

1825年

潔蔓31歲，
育有三個小孩

並從她的父親和丈夫
那裡繼承龐大的遺產

糖、菸草、咖啡、武器、酒、蘭姆酒、奴隸

一定程度上，
海上貿易的持續發展，
決定了遺產會多龐大

潔蔓和表妹很親近
埃莉諾

她們定期會
寫信聯絡
關心彼此

當她的表妹宣布
自己要去英國時

我要結婚了！

妳相信嗎？
他可是英國貴族呢！
有封號的貴族！

當時，法國國王查理十世的大砲
正瞄準著加勒比海太子港

您好！

我們要談判！

他們的提議很簡單

紙跟筆都
準備好了？

被沒收土地和奴隸的
資產持有者感到很委屈

如果聖多明哥同意
向他們賠償

他們那有
多少艘船？

那大砲呢？

14艘

500座

法國就會承認聖多明哥
是一個獨立國家

好啊！

幹嘛
拒絕呢？

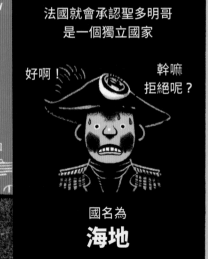

國名為
海地

32

法國人用大砲威脅
控制了反抗聲浪

我們接受！

未來的海地人
接受了

法國要求的贖金
數額龐大

150 億
金法郎

相當於現在的

400億歐元*

海地花了數年
嚴格審查這些資產持有者
被剝奪的資產後

在1832年開始付款

皮耶被剝奪的資產，
讓潔蔓一家也收到
不少「賠償」

1834年

潔蔓40歲生日

她終於收到了
賠償

對她來說，
這是一個很棒的
生日禮物

但是，卻讓世界上
最貧窮國家之一的經濟
受到嚴重且持續的損害

生日快樂！

時間甚至超過一個世紀**！

哇我到底哪裡聰明了，
朱勒心想

花了這麼多心力避免談到稅務，
結果聊回到奴隸的話題！

露易絲大概也是這麼想的，
因為她正在幫他找臺階下

唉呀！您知道的～我其實
沒有在指責您嘛！

更何況我覺得呢，
我們現在不需要
為自己的祖先負責。

況且，如果我記得沒錯，
廢奴可是從歐洲開始的。

**儘管縮減到九千萬金法郎，海地直到1950年
才還清這筆債務及其利息

法國廢除奴隸制是在

潔蔓出生的時候

39年後，英國也跟進廢奴

en **1833**年

托馬斯·克拉克森*

嫁給英國人的埃莉諾親眼目睹了一切

親愛的潔蔓，

我們可以放心了。

包括我溫柔的安德魯在內，資產持有者們，

從王室那邊收到了豐厚的賠款！

將依照奴隸價值，全額賠償損失！啊，我是多麼希望法國政府也能如此對您！

1848年
潔蔓54歲
她有一個煩惱

她的孩子都已長大成人，最小的孫女夏洛特也3歲了

此時，法國剛剛徹底地廢除了奴隸制

維克托·舍爾歇*

對潔蔓來說，這代表著她從亡夫那繼承的利潤豐厚海外貿易將無法繼續了

親愛的埃莉諾，

您選擇去國外真的很對！

昨日，我收到了一封信，紀載了亡夫資產**損失的相關賠償細節。

我只會收到他們市場價值一半的賠償！天啊，我嚇傻了！

埃爾威，幫我把這個寄出去。

好的，女士。

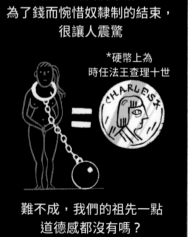

當然，對我們來說，為了錢而惋惜奴隸制的結束，很讓人震驚

*硬幣上為時任法王查理十世

難不成，我們的祖先一點道德感都沒有嗎？

.*廢奴主義者
.**她說的「資產」（des avoirs）指的就是奴隸！

34

他們還是有道德

起碼道德論點
在廢奴爭論中時有耳聞

但是呢

廢奴的經濟論點
徹底站了上風
這多少還是有點犬儒……

1833年埃莉諾的經歷讓我們知道……

奴隸制必須被徹底廢除，

奴隸不但性命很短，還要供給他們吃跟住，

花那麼多錢還短命，真的還不如改聘用勞工，一樣有利可圖，甚至更賺！

依照這個優先順序，
在一個所有權社會中

資產

人文主義　平等　公正

廢除奴隸
當然要給奴隸主賠償

沒收奴隸主的財產
還不給賠償

蛤？

甚至要，
賠償奴隸所遭受到的
痛苦遭遇

什麼!?

一般來說，
有可能會毀掉整個財產制度

轟隆

這就是所謂的

「潘朵拉式」論點

別打開!⚠

源自於眾所皆知的
同名盒子神話

啊，潘多拉！
別打開盒子。

絕對，絕對，
不要打開！

在這個神話中，
潘朵拉得到了一個
裝著所有人類罪惡的盒子

什麼意思？
這到底是不是
我的？

她當然不知道裡面裝了什麼，
而且她超級想要打開

宙斯堅持地說：

如果你把盒子打開的話，將無法再闔上！

天呐！

但這個禮物到底是什麼？

別打開，就這樣，不要給我找麻煩，把盒子放在角落！

最後她還是打開了盒子，無論接下來發生了什麼事：

如同皮耶和朱勒，宙斯要說的事非常簡單，

快放下那個盒子！

天知道這會走到哪！？

為了避免一切風險，絕對不要做任何改變

1860年
阿卡雄

現在是冬天了？

這是佩雷爾兄弟的計畫，這裡每個人都在討論這個計畫吧！

他們是誰？

這兩位投資家，因為把鐵路延伸到阿卡雄而聲名大噪

埃米爾

以薩克

他們計畫把阿卡雄變成度假勝地

親愛的潔蔓，好久沒聊聊了！妳收到政府給妳先生的賠償了嗎？

收到了，終於！

我已經拿去投資海外債券，但是……

說真的，在這裡蓋一棟別墅，確實很吸引人的，

更別說了，還可以成為孩子們據點跟支柱。

支柱！你說的對，這對他們有多重要啊！

如果你想要的話，我可以幫你聯絡。

ARCACHON
STATION BALNÉAIRE et HIVERNALE
BIENTÔT

不過要抓緊時間，來自歐洲各地的訂單正飛也似的湧入！

我親愛的露易絲，我真的很尊敬正在崛起的美國！

但是，別忘了……歐洲擁有很多動力！

別太早就把歐洲看得太老！

喔，朱勒先生您是一位忠誠的男人這點真的很重要。

我敢肯定，我的父親一定會很喜歡您的！

再加上，他對歐洲的想法和您一致，就是因為這點，他才會帶我來這裡。

我們回去吧？我好冷。

1860

潔蔓、埃莉諾、
喬瑟夫&夏洛特

我們無法否認：

歐洲統治著世界

全球戰略遊戲

風險

第一個原因是

歐洲的軍事優勢

隨著時間，逐漸強大

歐洲是由許多大小相當的國家組成的，
彼此之間的競爭持續不斷

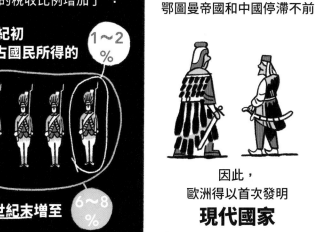

16世紀時，

有高達

95%

的時間

都在打仗！

這些彼此競爭的國家，
全都掌握了豐富的軍事實力和武器知識

要有錢資助這些戰爭，
就需要徵收賦稅

因此，所有國家都必須
發揮強大的

行政和財政能力

舉例來說，
法國的稅收比例增加了*：

**16世紀初
稅收占國民所得的**

1～2%

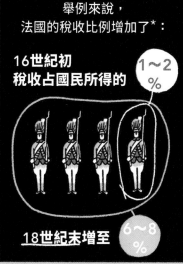

18世紀末增至 6～8%

同一時間，
鄂圖曼帝國和中國停滯不前

因此，
歐洲得以首次發明

現代國家

並開始揚帆出海，
一點一點地，

征服全世界

但是，
推動這場征服行動的
重要能源是木材

18世紀末時，
整片大陸的森林都被
砍伐殆盡

由於被征服的土地
資源豐富

殖民有了新的目的：

緩解資源短缺

.* 現今，稅收入占國民所得的45%

在歐洲、非洲、美洲之間的

三角貿易中

主要利用奴隸來
開採新舊殖民地

藉此保障
歐洲擁有豐富的原料……

棉花

木材

糖

而這種模式極度暴力

這種暴力模式
和18世紀著名經濟學家

亞當・斯密

所倡導的良性制度天差地遠！

然而，
無論是制度上的還是戰略上的，
這些十八至十九世紀實施的策略

尊重
資產

低稅收

勞動市場
發展

預算平衡

奴隸

都為歐洲帶來了
前所未見的成功

更棒的是：
這種新的國際勞工組織
將促成接下來的

工業革命

最後，如果沒有保護主義，
歐洲就不可能稱霸

禁止
進口

保護主義是指

保護國家經濟
免受外國競爭
的海關政策

16和17世紀時，
印度紡織品風靡歐洲

對歐洲商人來說，
這就等於沒生意做了

為了重奪控制權，
英國商人採取了一項策略

所以，大家同意，
把這些花樣的破布都丟掉嗎？

同意！

更何況，花樣是
女孩子的東西！

很快地，
英國議會將漸漸提高關稅

英國人要用
英國的花樣！

然後完全禁止
來自印度的
印花和彩色紡織品

1700年

唯一准許進口英國的布料
必須未經染色

覺得如何？
喜歡嗎？

英國工業也因此
發展了一項新業務：

這是100%
英國製的！

那些花樣是
我原創的。

也就是彩色紡織品
的染印和製作*

結果就是

中國和印度
在全球製造業生產的占比
大幅下降

從1800年的
53%

下降到1900年的 **5%**！

朱勒說的沒錯！
儘管美國崛起了，

但在1900年的此時，
世界還是屬於歐洲的

1860年9月

阿卡雄的工程
動工後沒多久，
潔蔓就生病了

她的表妹埃莉諾
特地來探望她

噢，好美啊！
是給我的嗎？

對唷～這是我們
工廠製造的。

我帶了一整捲
來給妳。

我們的產品很成功唷～
我和丈夫安德魯
都超級開心！

其實啊，我
常常告訴自己，

法國可以從英國貿易中
學到很多很多東西，你
不覺得嗎，表姊？

.* 英國人後來甚至只允許自家商船進口的貨物

您知道嗎？
這場戰爭持續了4年呢！
在北軍戰勝前，
就損傷了620000名兵力。

結果這場國家內戰
帶來的第一個結果竟然
就是美國廢除了奴隸制度！

我……

真的假的？

真的！

但是您知道嗎，
在我們的國家，
奴隸主卻沒有獲得賠償！
完全沒有！

如果沒有這場戰爭，
我老實和您說，
奴隸制就不可能會被廢除！
絕對不可能！

這就是「國內」奴隸制啊～
沒有其他國家負責賠償，
就完全無法負擔得起。

最後光是賠償費用
可是高達整場戰爭的
三倍或四倍！

北軍在勝利後
向奴隸做出的承諾
將40英畝的土地
和
一頭騾子
分送給住在
南卡羅來納州、喬治亞州
及佛羅里達州
每個被解放的家庭

屬名
威廉·特庫姆賽·薛曼

很快就被遺忘了

另外，這場戰爭也讓
棉花的產量快速下跌。

對像家父一樣的年輕工業家來說，
他需要發明的事物多如繁星！

1865年

美國邁上一趟
漫長的重建之路

此時，
阿卡雄別墅完工了

而潔蔓去世了

波爾多
查爾特勒公墓

親愛的
埃莉諾⋯⋯
還請節哀！

我知道的⋯
您是如此深深著
愛著潔蔓。

謝謝

倫敦的生活
一切都還好嗎？

我⋯⋯說得也是，
還是談談生活吧。

在那裡啊，人生就是
滿滿的承諾，不是嗎？

英國人厲害的地方，
就是他們很會教育
他們的年輕人。

議會甚至制定了一份報告
來證明這點！這是真的！
至於我個人怎麼看呢，
我也覺得教育非常重要。

我同意這個看法，
真知灼見！

但我聽說⋯⋯
英國的狀況和我們相差不遠，
可見光是教育遠遠不夠！

而且如果跟美國比，
就差得更多了！美國投注了
更多資源在教育年輕人！

1840至1850年的美國

90%

的小孩
（白人）

接受初等教育，
相比之下，
在法、英、德等國，

**只有
20至30%**

天啊！

其實，我覺得啊！
英國跟法國一樣，
我們對自己的力量都
太有自信了。

我們還沒意識到
教育方面的挑戰。

天啊，拜託～
既然您都知道了，
為何又要問我呢？

*埃莉諾在此引用的報告當然很快就被揭穿是假的了

44

45

想像看看，朱勒，當整個歐洲，尤其是英國和法國這些歐洲國家。

你們在從事艱難的殖民工作的時候，

另一頭，在我們美國那裡呢，工業工具穩健地進步呢……

哇！

家父他啊～以家鄉佛蒙特州為起點，慢慢地一石一瓦……

逐步建蓋了，一座小型鋼鐵帝國。

倫敦，1866年
埃莉諾準備好出發去印度了……幾乎啦

我幫妳帶了妳的書～

啊！你讀過了嗎？怎麼樣？你還是想離開嗎？

哈哈！對啊！

真遺憾。

討論有關印度人的傳統習俗、制度與儀式的書

杜布瓦神父*1816年

MEURS

但這些種姓……實在太奇怪了！

關於這個呀！在組織方面，歐洲可以為印度帶來大幅度的改善！絕對！

殖民化的末期，歐洲充斥著這種想法

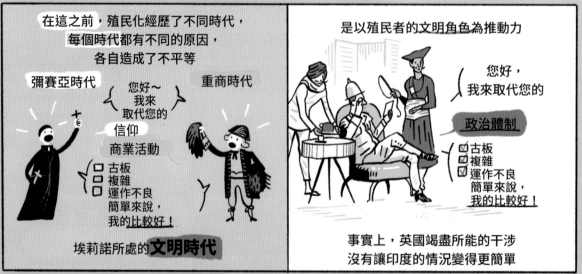

在這之前，殖民化經歷了不同時代，每個時代都有不同的原因，各自造成了不平等

彌賽亞時代

您好～我來取代您的

信仰

重商時代

商業活動

☑古板
☑複雜
☑運作不良
簡單來說，我的比較好！

埃莉諾所處的 **文明時代**

是以殖民者的文明角色為推動力

您好，我來取代您的

政治體制

☑古板
☑複雜
☑運作不良
簡單來說，我的比較好！

事實上，英國竭盡所能的干涉沒有讓印度的情況變得更簡單

*讓・安托萬・杜布瓦（Jean-Antoine Dubois，1766-1848），巴黎外方傳教會的神父，曾在印度傳教

1866年
孟買

埃莉諾到達孟買的時候，
因為棉花市場的繁榮，這座城市正在蓬勃發展

我還是覺得，應該要以我們
的方式來做才對。

當然了。
不過意思是？

不論如何，
我們最後都要
直接管理印度才行！

即使有許多先來此地的英國人
給了埃莉諾寶貴的幫助……

拜託，應該沒有人忘了
之前印度兵的事吧？

我……

埃莉諾還是要花些時間
才能適應她在印度的新生活

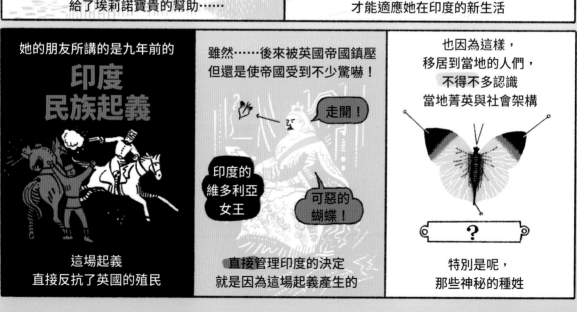

她的朋友所講的是九年前的

印度
民族起義

這場起義
直接反抗了英國的殖民

雖然……後來被英國帝國鎮壓
但還是使帝國受到不少驚嚇！

走開！

印度的
維多利亞
女王

可惡的
蝴蝶！

直接管理印度的決定
就是因為這場起義產生的

也因為這樣，
移居到當地的人們，
不得不多認識
當地菁英與社會架構

?

特別是呢，
那些神秘的種姓

種姓制度有可能促進未來的團結……

也可能引發更多的起義！

我理解。

為了避免印度人起義，英國人做了大規模的人口普查

以為這樣，就可以徹底理解印度社會的多樣性

印度的兩大種姓概念分為：

वर्ण
瓦爾那

和

जाति
迦提

第一種是瓦爾那

源自《摩奴法論》*，是印度教系統的四大功能階級

 ❶ 婆羅門
教士

❸ 吠舍
農人、商人和匠人

❷ 剎帝利
戰士

❹ 首陀羅
最低階的勞動者

第二種稱為迦提

包括職業或是文化團體，他們的階級制度因地區而有所不同

236
10
76
88
3902
32
818
91
4
670
23
1471
4231

共有……4635種**！

比喻來說呢，瓦爾那就像蝴蝶的顏色，

迦提則是五花六門的圖案：

試圖釐清瓦爾跟迦提之間的關係和配對，是一件不可能的事

然而，這正好是英國人想要做的：

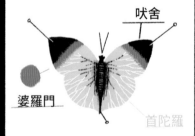

吠舍

婆羅門

首陀羅

但是印度社會是以上千個多變且錯綜複雜的類別和身分組合而成的

以為可以全部簡化的想法，使得英國人口普查產生了恰恰相反的效果

一看讀懂的
印度種姓

英國透過行政管理，反而讓這些類別變得既呆板又僵化。

*用梵文書寫的法論
**根據1993年的印度人類學調查（Anthropological Survey of India）……這還沒有算到亞種姓的數字！

當然啦

我們無從得知
印度若沒有經歷這些，
後來將會是什麼樣子
無論如何，
殖民化都會影響當地的社會演變，

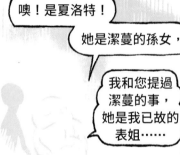

板球

尤其是
透過影響當地菁英，
來造成影響

埃莉諾很快就適應了印度的生活

然後，我就跟他說：
「所以，您的意思是，
您忘記印度兵了嗎？」

夫人，
有一封
給您的信。

哈哈。

噢！是夏洛特！

她是潔蔓的孫女，

我和您提過
潔蔓的事，
她是我已故的
表姐……

親愛的埃莉諾，
好久不見了～
希望您身體健康。

最近我過得很好，
我在巴黎的男朋友，
阿爾馮斯和我求婚了！

她要結婚了！

她要成為…
蓋蘭太太了
天啊！

啊，她很難過因為嫁去巴黎，
害她要遠離阿卡雄的家……

生了個孩子之後
就不會難過了，
她之後就沒時間
想這些了，呵呵！

一如埃莉諾，
夏洛特也逐漸坐享
殖民的成果

家族遺產

感謝奴隸制！

同樣地，一如她整個家族，
她也無法看到
我們今天所看到的一切

卡皮在哪？
幫我們加點茶吧？

這些殖民行為
到頭來顯然只對
殖民者有益

以法國殖民地為例：
殖民益處可歸納為

七個要點

（若不看細節的話）

1.收入

在1930年的阿爾及利亞，

前10%最富裕的人
擁有
70%的總收入！

猜猜看～當時
誰是前10%最富裕的人？

→ 在同時期的法國本土
白人占了前50%最富裕的人

4.特殊權利

法律制度
對殖民者有利

「白種人」「混血兒」「原住民」

並非每個人都享有
相同的權利，
就連法庭都依種族而不同

5.強迫勞動

在法屬非洲，直到1946年，
本地人都必須提供幾個
無償的工作日，

您真的確定這樣
不是在奴役他們？

非常確定。

來建造和維護鐵路，
也就是說，
不花殖民者一毛錢，
就有大批勞工

1937年
法國殖民地圖

紐芬蘭
聖皮埃與
密克隆群島

路易斯安那
密西西比
加拿大
美洲

安吉拉　多米尼克
瓜地洛普
馬丁尼克
圭亞那

大西洋

馬克薩斯群島　太平洋

羅圖馬島

社會群島　甘比爾群島

玻里尼西亞

土布艾群島

熱帶

南

社會群島

帕皮提　大溪地

公里
0　100　200

6.法國公務員的薪資收入超高

法國公務員在殖民地的人數不多，
但他們的平均薪資，

卻是當地人的**10倍！**

2.當地稅收

殖民地必須自給自足

錢流
進來　　可以 ✔

錢流
出去　　不可以 ✘

消費稅　間接稅　人頭稅

當地苛刻的稅金，支撐了
殖民者的富裕生活

3.金融資產

資產名稱
殖民路

許多法國人 ————— l
擁有 ————— l
殖民地公司的 ————— ll
股票、————— ll
債券，————— lll
或直接投資 ————— lll

**這些資產的年報酬率
可是高達4%！**

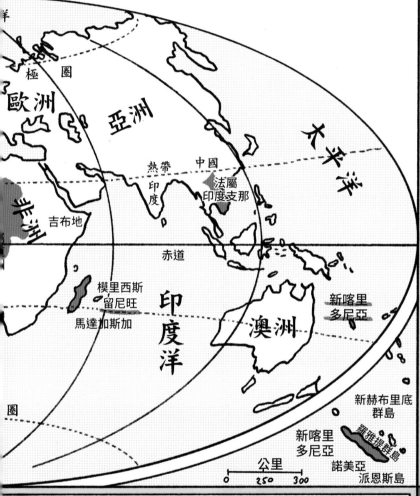

北極圈

歐洲　亞洲　太平洋

熱帶　中國
印度

法屬
印度支那

非洲　吉布地

赤道

模里西斯
留尼旺
馬達加斯加　印度洋

新喀里
多尼亞

澳洲

新赫布里底
群島

新喀里
多尼亞　羅雅提群島

諾美亞
派恩斯島

公里
0　250　300

南極圈

其中一部分的資產
就來自海地或
法國及英國
給前奴隸主的賠償

什麼？
還好嘛！

這些海外資產收入
為法國增加5%的
國民收入

7.不平等的教育

在1925年的摩洛哥，
專屬歐洲人的學校和高中獲得

 79%　的總教育
支出

 用於
 4%　的學生
身上

當然

所有的殖民不平等
都留下了深刻的痕跡，
這些不平等仍然影響著
法國和海外屬地，
以及前殖民地國家的關係

1872年 巴黎

朱勒來了！

嗨～你好呀！

從印度回來的埃莉諾來拜訪夏洛特，潔蔓的孫女

夏洛特的獨子，朱勒，這時3個月大

他好可愛。

嘎。

他會讓家族遺產更加繁榮！和他爸爸一樣！

沒錯，呃，說到這點，我要先離開了。

哇，埃莉諾，你回來了！和我說說印度吧，這一定是場美好的冒險！

那簡直是另一個世界，我們真的很喜歡那裡一切都很棒。

不然這麼說吧……如果你問安德魯的話，他會說這是一個很好的投資！

哈哈！

……他真的非常有能力，我想這點無庸置疑！

總的來說，

法國和英國的龐大屬地

每一年都帶給法國和英國本土

5～8%

的國民收入！

太了不起了！希望阿爾馮斯也可以這麼有野心。

他會出人頭地的，放心，給他點時間吧，夏洛特。

話說，妳的大兒子呢？妳和我提過的選舉呢？後來如何？

啊，你說的是麥可和選舉……

他開口閉口都是這個！

1874年
倫敦

議員，你好啊。

2年後，埃莉諾的兒子，
麥可·阿克萊特選上了國會議員

哈哈，議員！歡迎來到下議院。

真的是恭喜你！

哈，費摩，謝謝你。

不，不！應該謝謝選民！

在英國，
男性選舉權正在擴大

走吧！

整個英國政治界
將因為擴大選舉權
而被動搖

在1860年左右，
只有10%的男性透過
公開投票的方式進行投票

20年後的1884年，
將會是60%的男性，
而且是無記名投票！

為了來自於那些中下階級
的新選民，

您還喜歡
新辦公室嗎？

哈哈！
還可以。

自由黨將提出一個
更有利的計畫

這些變化才開始起步

哇，真高級。
這裡面應該
有酒吧吧？

在這。

並將在1909年
引發了帶來劇烈影響的
一場雞尾酒會

也就是設立
總體所得累進稅

兩杯迎賓酒，
請慢用。

以及**調漲**
遺產稅和財產稅

真烈！

這全都是為了提供資金給
工人退休金等社會福利！

*艾德溫‧賽里格曼（Edwin R. A. Seligman），哥倫比亞大學經濟學教授

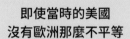

朱勒&露易絲

嗨，您好～
真是不好意思啊，
親愛的小姐，
可否打擾一下呢？

沒問題。

蓋蘭先生，您好。
這位是尚枚先生，他正在
考慮投資要巴拿馬運河呢！

哇，真是太棒了！
嗯⋯⋯我們下週在銀行
繼續聊，如何？

祝你們有個愉快的夜晚。

⋯⋯哇，您把他
打發掉了！

是這樣嗎？
嗯⋯⋯話說我們
剛剛在聊什麼？

我們談到我的母親，
不過呢⋯⋯您還可以改變主意，
回去談巴拿馬唷，呵呵。

哈哈！才不要！
您來巴黎多久了？
還喜歡巴黎的一切嗎？

差不多1年，我愛上巴黎了
這座城市好新潮！

咳嗯

小姐，差不多
要回去了。

喔⋯⋯
好吧。

可以稍等
我1分鐘嗎？

朱勒！我才在想今晚
能不能再見到你呢。

？

你知道嗎？我老是遇見你！
這不是偶然，天意要你相信我。

這些女人啊，
是不會結婚的！
絕對！

我只要稍微
看一眼就知道這件事了！

57

1902年7月27日

朱勒和露易絲結婚了

1903年4月5日女兒珍娜出生

1905年2月20日兒子安托萬出生

孩子是家庭的連結

他們在巴黎第八區以及凱圖勒新別墅的生活真的是非常美好

珍娜!

很快地,兩個孩子發展出了截然不同的個性

年長的珍娜比較孤僻

明明是他的錯!

安托萬,你也知道小馬是姊姊的好不好?

可以說,她幾乎無法忍受自己的弟弟

因此,安托萬在很小的時候就發展出了異於常人的同情心

姆姆!姊結……扯它的髮髮!!

咕!

那才不是頭髮!

只是一撮毛!

在他3歲時,發生了一件事,深深地影響了他:

他最愛的保母被辭退了

他還太小了,無法理解原因

我就跟妳說,這個抽屜裡原本有錢,我沒有瞎說。

她為什麼要做這種事情?

那時,他就嚐到了不公平的苦澀滋味

如果這一切是真的

是信任問題,我不信她了

兒子會

這將是他久久難以抹去的烙印

同一時期，
法國的財務部長還是

**約瑟夫·
卡約！**

還是我！

在1907年，
他又提出一個關於
所得比例和累進稅
的新方案

又來？

議會投票通過，
但在1909年
被參議院否決

1914年

安托萬9歲了

大部分的西方國家
都採用累進制來
課徵所得稅

瑞典
Suède

Danemark
丹麥
mer du Nord

英國
Royaume-
Uni
Angleterre

普魯士
Empire allemand

France
法國

除了法國

稅務還是歸結為

四大老稅*

這四項稅從大革命時期
便開始徵收，
且課徵的方式
和納稅人的所得無關

卡約部長一直
沒有放棄稅務問題

他最近一次嘗試
採用累進稅制的事
成了新聞頭條

安托萬還是很敏感又好奇，
而現在，他多了一項能力：
他會認字了

約…瑟夫
卡…耶

卡約。

他是誰？

他是激進黨的領導人。
他想要用累進稅制來
課徵我們的所得稅，
還有縮短兵役的時間。

（朱勒還是很討厭他）

.* 不動產稅、個人動產稅、特許稅和門窗稅

喔！

就是這樣。

安托萬是很好奇沒錯，但他只有9歲

不過呢，這個故事接下來會讓他深深著迷……和全法國一樣

愛與稅

卡約 特別節目

1914年初，相關的立法運動如火如荼地進行

大家都認為在卡約領導下激進黨會獲得勝利，辯論非常激烈

激進黨對於稅務和兵役的提案徹底惹惱了右派反對者

除了提出所得累進稅

等等，我還有一個點子！

還有啊？

在面臨和德國競爭之際，他還進一步主張縮短兵役時間

這件事刺激右派和《費加洛報》社長共謀，竭盡能力反對

社長 加斯東·卡爾梅特

在三個月之內，總共發表了110篇反對卡約的文章、圖畫和短文！

一直到前妻出現之前，卡約部長都堅持得很好

貝特·蓋東

幾年前，卡約部長離婚，娶了他的情婦，亨莉葉特·夏雷帝

我才不在乎什麼「愛妳的約」。

自此，前妻貝特就開始醞釀

雖然不知道她怎麼拿到的，但她持有前夫寫的信，署名「愛妳的約」

「愛妳的」「約」

這些肉麻的信是他還沒有離婚時寫給情婦的

《費加洛報》發起的反卡約運動來得正是時候：

貝特·蓋東蓄勢待發，她要復仇了！

她把信件交給了《費加洛報》的社長加斯東·卡爾梅特

亨莉葉特·卡約

卡約現任妻子極度擔憂

1914年3月13日頭版發表了信件摘錄

如果她的女兒看到這些信該怎麼辦？

其他報導又會如何影響她的名聲？

她買了一把槍，請她的司機載她去《費加洛報》辦公室

白朗寧 11mm 1906年製

她等了整整一個小時才見到社長

社長辦公室

ici

她把武器藏在袖子裡

報社社長終於在辦公室接待她的時候

請進啊，卡約女士，很高興見

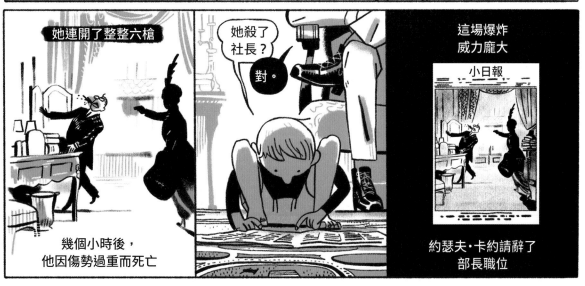

她連開了整整六槍

幾個小時後，他因傷勢過重而死亡

她殺了社長？

對。

這場爆炸威力龐大

小日報

約瑟夫·卡約請辭了部長職位

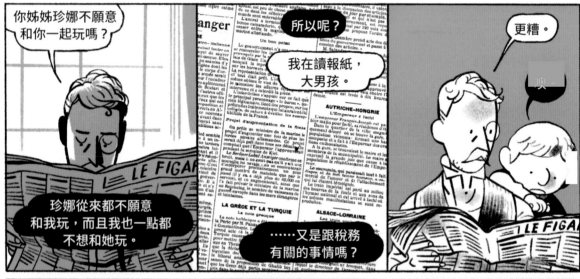

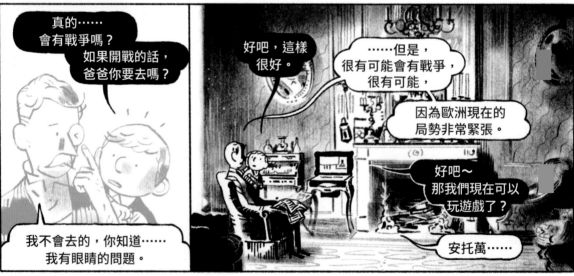

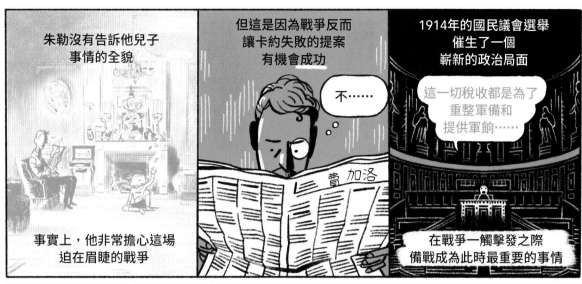

朱勒沒有告訴他兒子事情的全貌

事實上，他非常擔心這場迫在眉睫的戰爭

但這是因為戰爭反而讓卡約失敗的提案有機會成功

不……

費加洛

1914年的國民議會選舉催生了一個嶄新的政治局面

這一切稅收都是為了重整軍備和提供軍餉……

在戰爭一觸擊發之際備戰成為此時最重要的事情

參議院不再反對用累進制度課徵所得稅了！

這個協議將在15天後生效，但其中有個交換條件：

BONBONS

「給我吞下去！」

給右派參議員的糖果

也就是兵役時間保持不變

就是如此

法國第一次只用累進制度來課徵所得稅

但所得稅申報仍然不是強制

申報比例很低只有2%！

吞下去　吞下去　吞下去

更何況，也有針對家庭支出提出減免的方案

但是，儘管還要經歷許多改革和波折

直到今日，這份協議依然留存

爸爸，可以一起玩了嗎？

如果你不知道要做什麼才行，那就去騎腳踏車，繞一整圈再回來！

說到波折，

在安托萬騎腳踏車玩耍的時候，

法蘭茲·斐迪南，匈牙利大公，在塞拉耶佛被殺害了

1914年8月1日

戰爭爆發了
高達2千萬人將因此喪生

1918年這場衝突結束時

露易絲生下了
第三個小孩
瑪格麗特

1920

朱勒&安托萬

1920年

今天，朱勒、露易絲、珍娜和安托萬
一起慶祝瑪格麗特的2歲生日

埃內斯特幾點會到？

中午！

他們住在巴黎市中心的一棟豪宅裡

戰爭時，
朱勒沒有去前線，
他們還有一個新孩子

可謂是
幸福的家庭

在戰後的法國，
他們的寧靜
其實非常的特例

許多家庭和城鎮
以及男人們
都被摧毀了

重建一切
成了國家的
首要之務

稅率表決

為了籌措資金

國家將**大幅**提高
所得稅的稅率

朱勒不敢相信

一口氣升到
50 %*！

什麼！？

搞什麼鬼，
他們瘋了吧！

議會的許多議員
都在近期上過戰場

議員

軍人

議會被稱為
「地平**線藍**」**

議會卻比以往都更加右派

.* 議會投票贊成超過50%的稅率（最高稅率）
.** 指一戰期間法國軍隊的藍灰色制服，因議院中
　　許多推伍軍人穿的制服，成為右派的顏色

明明在戰爭前，
他們如此反對所得稅，
但卻在戰後的今天
他們再次提出
高達50%的稅率？！

哇啊
噓

親愛的，看看國家
現在狀況有多糟。

如果我們想要重建國家，
國家就需要資金啊。

……所以是
我們就應該要付錢？

1917年的
俄國革命
仍讓每一個人印象深刻

不然你說誰付？

由於害怕工人起義，
使得他們不敢提出
更多的要求

這就是
所謂時代潮流啊，
看看美國！

美國國會還因此
通過了憲法修正案，
讓聯邦政府增設了
聯邦稅。

「時代潮流」咧，
說得真美。

更別提了，
美國現在還有
聯邦遺產稅！

而且威爾遜總統將對
最高所得課高稅率的法案
進行國會投票表決！
就是這樣！

我的父母
更是首當其衝！

……當然啊，
如果沒人有異議
……

他們有
抗議！

他們花時間抗議，
但是政府依然要做，
這就是重點！

不然要怎樣？
你要他們起義嗎？

這個累進稅制度是個大變革，
這到底是發生什麼事了？

拜託！我想，如果
真的要說美國他們
發生了什麼事，

就是不平等已經成為了
一個令人擔憂的問題。

甚至有人堅定認為
這是一種不民主的財富分配
所以更應該改變。

68

就在去年的
1919年

爾文·費雪

美國
經濟學會

剛選上美國經濟學會*
的會長

他把這件事當作就職演說的主題

在這個關鍵的時代，在此時此刻，
財富逐步集中在少數富人的手中，
成為了美國最主要的經濟問題之一，

稍有不慎，
美國將很有
可能，

變得和大海另一頭的
舊歐洲一樣，社會
非常不平等。

然而，在歐洲，
財富逐漸貶值

埃內斯特
到了！

我馬上過去。

主要有兩大原因

第一個原因，也就是最顯著的原因，
就是政府的稅率大幅提高

第二個原因呢，則是因為時代潮流跟
戰爭，使得私有資產價值嚴重爆跌

阿卡雄的房子變得一文不值……
我很想要賣掉這房子……
但又有什麼用呢？

價格
已經下跌到
這樣了……

如果只是這樣就好了！
可就連我存的錢都貶值了！
實在難以想像！

那是戰爭，朱勒。
我們必須要贏……

贏什麼！如果我們沒有借錢給
法國政府，那場可怕的戰爭
還有機會贏嗎？

我告訴你！他們應該要
好好感謝我們！

.* 美國歷史最悠久且最知名的經濟學者專業組織

我的資產管理人還鼓吹我買一堆俄羅斯的債券……

都變得一文不值了！全部！

我快被逼瘋了！

說的沒錯

舊的債券被指控延長沙皇政權的壽命

在1917年的革命之後，新成立的布爾什維克國家不承認

俄羅斯債券*

事實上，這些事是體制性的：

可以收了？

可以。

正是不平等的結構本身正在變化才會如此發展

直到1914年

前10%最富裕的人

（包括朱勒和埃內斯特）

可說是賺飽賺滿了

50%

歐洲的總所得

但這個情況自1918年開始大幅下降

他們剩了些蛋糕，

你要嗎？

到1945至1950年間，只剩下

30%！

最後結果是

不只所得比例暴跌，

私有資產的價值將被至少除以二

在1920年代，歐洲變的比美國還沒那麼不平等

這真是場大災難。

唉，不會維持太久的。

這樣的緩和在輝煌的1945～1975年維持了很長一段日子

我也想如此肯定啊，埃內斯特，但在經濟的背後，別忘了還有政治！

布爾什維克革命侵蝕到我們這來了……連我兒子都在談這個！

:*如同其他沙皇債務

別太擔心安托萬啦
他才15歲而已欸，
那只是說說的，
說說而已。

拜託，
埃內斯特！

這很嚴重！
都有工人國際
法國支部*了！

1920年這一年，
法國社會主義運動
分裂成兩派**

其中一派就分成了
法國共產黨（PCF）
並一直活躍至今日

我知道有一個社會主義
運動……在英國，工黨也……

你看！
你也知道！
我才沒有瘋！

真的是，你們倆
都喝太多了。

啊，你知道的，
這個稅法每一次
都讓我火冒三丈……

我覺得啊，
不是只有稅的問題，
親愛的。

你對著
埃內斯特
生氣的時候，
主要是酒精
作祟！

安托萬

15歲了

如同所有的
青少年

我們出發吧，兒子，
火車可是不等人的！

煩欸。

他相信他父親的敵人
就是他的朋友

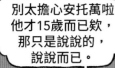

1920年末，
安托萬跟父親朱勒
一起回到了巴黎

*全名為社會黨—工人國際法國支部
**自此開啟左派分裂的百年歷史

儘管他們有許多分歧，
朱勒和安托萬並沒有
放棄討論與溝通

讀讀這個，
你會有興趣的。

約翰·凱因斯

是1883年出生於劍橋的
英國經濟學家

幾年後，
透過這本著作：

**就業、利息與貨幣的
一般理論**

他將發展出一個
使他聞名四方的理論

在1920年，他還只是一位
影響力日漸擴大的年輕作家

但已經奠定了基礎

在19世紀，
人們的信仰為：

整個市場都在
看不見的手的控制之下，
供需得以完美地
達到平衡

哇，太棒了。

胡扯！

凱因斯認為
市場經濟並不能
自行實現這種平衡

不！

充分
就業
才是
目標！

國家應該介入市場經濟，
來應對失業的問題。

要怎麼做呢？

首先呢，政府必須
透過刺激以需求為基礎
的經濟活動。

因為嘛…
當社會有需求才能
創造消費、創造需求……

才有公司願意投入生產、
願意雇用更多員工，
並發給員工薪水，讓他們
帶著薪資去消費……

創造出
良性循環！

點 擊 此 處！

需求增加　公共支出　更多的
公司
投資

**所謂的
良性循環**

凱因斯
發明的！

消費
增加

支付
更多薪水

雇用
更多人

要如何刺激需求呢？

要達到刺激需求，國家必須增加公共支出，

包括交通或基礎建設，一切能讓經濟活動更容易的事物！

……但是為了讓每一個人民有錢可以消費，不能提高稅收！

如果支出增加但收入卻沒有增加

相當於創造良性的公共赤字

從債務中生出財富！

今日，這個理論被稱為

凱因斯主義

這個理論啟發了英國工黨以及美國羅斯福新政

凱因斯
良性循環
世界巡迴
滿場

社會民主劇院

以及往後大部分的社會民主政策

我想問一下，你喜歡這篇報導裡面的哪點，爸爸？

最後一段，你讀了嗎？

喔喔，我立刻來看。

儘管他的論點深受進步人士的喜愛，凱因斯畢生中還是一位自由主義者……

……他聲稱自己在此生之中絕對不會投給工黨！

可是……為什麼他這樣說工黨？！

哐噹哐噹哐噹　哐噹哐噹　哐噹哐噹

他覺得工黨沒受過良好的教育，而且他們沒有足夠的經濟學家。

你就是為了說這個才讓我讀這篇文章的？

還你。

安托萬憂喜參半，新的政治局勢使他興奮不已

但他認為，這將讓他和父親更加疏遠

接下來這幾年，這種預感實現了

幸好，安托萬一如姊姊珍娜一樣，

為了學習工程學，安托萬於1924年離家

然而，當兩人起飛時

早安，我想要打電話到法國巴黎。

請稍等一下，先生。

1929年的天空正在逐漸崩塌

1929年
12月10日

您有一通來自美國的跨洋電話！

就在2個月前，華爾街股市崩盤了

露易絲的父母原本要來巴黎過節

我很抱歉，女兒。

但在最後一刻，這個特殊情況讓他們無法過來

親愛的露易絲，這裡是個大災難，我被迫資遣許多員工，

非常多的公司接連倒閉……

妳無法想像的，這真的太可怕了。

尋找體面工作

大蕭條

徹底打擊美國，
並殘酷地蔓延到
其他富裕國家

1932年

美國、英國、法國、德國

都有將近
四分之一的勞動人口
因此失業

排山倒海的壞消息
摧殘著露易絲的精神

而且她還沒完全從
兩個孩子離開的
陰影恢復過來

她父親的國家
為她撥開了一點烏雲

11月8日

富蘭克林·羅斯福
當選美利堅共和國總統！

啊，天啊，
太感謝了!!

終於有個
好消息！

羅斯福

是新政的實行者

沒錯，ㅤ就是我。

連露易絲的父親
和商界都支持這項新政

為了資助重大項目
和承諾的社會政策

點擊此處

公共支出

所謂的
良性循環

凱因斯
發明的！

新任的民主黨總統
非常需要資源

聯邦所得稅和遺產稅
仍然保留

新政

The Game

點擊
開始

增加稅收

他調高了累進稅的最高級距，
藉此來增加稅收，
在他之前沒人敢這樣做

從此，最高所得的平均稅率為
一口氣變成了

81% 新紀錄!

遺產的最高課稅級距稅率
也大幅提升成

75% 新紀錄!

直到1980年代前
這些稅率都沒有調整

他贏了？
好一點了嗎？

沒錯！

現在，只要安托萬
能找到女朋友，一切
都會一帆風順。

1929年

6月

您好！

在一個星期日，
安托萬介紹他的女朋友蘿絲
給他的父母認識

他們認識的契機是
支持工人罷工的示威

謝謝！

歡迎你來，蘿絲，
很高興認識您！

人民陣線

在5月上臺執政

從那時起，
為了得到更好的工作條件，
多次大規模罷工轟動著法國

這些話題顯然不應出現在
安托萬與他父親的談話中

你們快點進來吧！
我要把花插在花瓶裡！

妳好啊，
瑪特。

很高興認識您，小姐
他是埃內斯特，
是家裡的朋友。

很高興認識您！

露易絲滿心歡喜，
但無奈事情沒那麼簡單

你是教師？

這樣很好呀！
您會很習慣
和孩子相處！

這是因為
蘿絲來自社會底層

她希望化解尷尬，
以為可以轉移話題
來談談美國

羅斯福？

安托萬

我真的很高興他能當選……

但是他的稅收政策，
實在是太超過了……

拜託，何止
超過太多了！

……導致父子倆
重啟了儀式性辯論

我可不這麼認為，
他的稅收政策是
資助社會政策的
手段！

安托萬……

社會！
滿口都是
社會！

法蘭西共和國

都會區

總動員令

共和國總統下令動員陸海空三軍，並徵用牲畜、車輛、運輸畜力、飛機、汽車、船、艇、裝卸設備，以及一切彌補軍隊普通補給不足的必要手段。

總動員令的首日，為1939年9月2日星期六。

所有必須履行軍事義務的法國國民都必須遵守動員表中的規定，否則將受到法律的懲處。

該命令適用於所有未參加武裝部隊但隸屬於陸海空三軍的人員，包含海事登記人員、隸屬殖民地部隊人員，以及後勤部隊人員。

民事和軍事當局負責執行該法令。

軍務部長	海軍部長	空軍部長

這場戰爭持續了6年，造成7千萬人死亡，
隨著日本投降，戰爭於1945年9月2日結束。

**埃內斯汀娜
＆蓋蘭家族**

*為了更容易說明，所標註的價格已簡化

| 1945年11月
埃內斯汀娜的財務狀況
如同法國
處於赤字 | 1939年之前，
法國、英國、德國的
公共債務
占了國民所得的
60% (到) **70**% | 第二次世界大戰後
債務驟增
但各國政府制定了一個計畫
310%
180%
270% |

面對物價上漲
和貧苦的母親

> 就等妳
> 手頭寬裕點
> 再還我
> 就好。

埃內斯汀娜
最近不得不借錢

她借了
1000法郎

這個時候，
一根長棍麵包
要1法郎

因此，
她等於欠了

1000根長棍麵包

> 噢。

但是，自從她借錢以來，
長棍麵包就漲價了

今天，一根長棍麵包
要1.5法郎
到了明天，
可能是2法郎

如果她明天
償還這1000法郎

> 啊。

這些錢就只值

500根長棍麵包

（而不是1000根）

簡單來說，
物價上漲就可以
讓債務價值減半！

這正是負債國的計畫

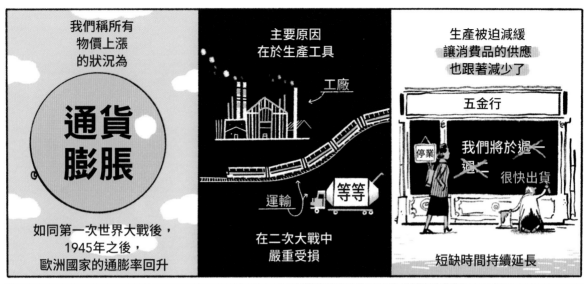

我們稱所有物價上漲的狀況為

通貨膨脹

如同第一次世界大戰後，1945年之後，歐洲國家的通膨率回升

主要原因在於生產工具

工廠

運輸

等等

在二次大戰中嚴重受損

生產被迫減緩讓消費品的供應也跟著減少了

五金行

停業

我們將於週

很快出貨

短缺時間持續延長

與此同時，重建和投資的需求數量非常龐大

沒錯！

很貴！

一切都是要錢的，老傢伙。

施工中

消費者又殷切期望回到戰前的生活水準

CAFE BAR

買買買！

法國製！

肥皂

買

這兩者相互牴觸

供給和需求

之間的巨大落差最能推動價格上漲

供給（低）

和

需求（高）

理論上，公共機關可以採取行動對抗通貨膨脹

BACHELOT&Fils 藥局

APOTHICAIRE

有許多不同的機制可以遏制通膨

提高利息

凍漲價格

其他

但我們前面知道了，通貨膨脹有個特點：可以減少債務

然而，在戰後初期

這有點貴，羅傑，

而且，

我恐怕還需要一些時間才能把錢還給你。

在最快的時間內
減少公債
是各國的首要任務

因此，比起使用現有手段來
打擊通貨膨漲

停止通貨膨脹

別碰通膨

利息

別碰通膨

各國都
將利用高度通貨膨脹

在1945～1949年
讓**通膨率每年 50%！
成長**

……依靠高通膨來機械式降低債務價值

您確定這真的可行嗎？

喀

喀

咿

對國家來說可行，可以大幅降低債務。

在這個過程中，有些人將受到傷害

債權人
他們能收回的錢的價值
比借出的錢少太多

噢！

我現在也太糟了，埃內斯汀娜！

以及**擁有儲蓄的人**
他們看著自己的儲蓄
價值一天天變少

尤其是小型儲蓄者

媽媽，我回來了。

他們沒有投資
多種金融資產

只把錢存在銀行
或是抽屜的毛襪裡

埃內斯汀娜
和母親就是這樣

拿去，我的女兒，
給妳的小家庭，
妳幫了我這麼多。

媽媽，
收著，

妳真的需要
這些錢。

哇，這時間我該走了，
我要去勒圖凱。

因此，為了減少債務，
而放任通貨膨脹，
對社會來說相當不公平

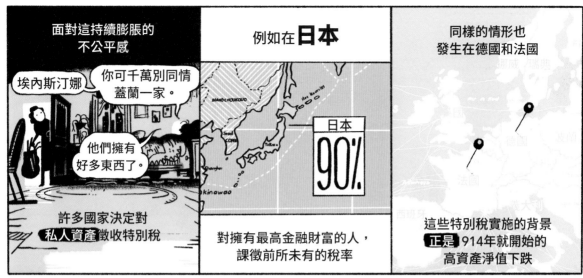

面對這持續膨脹的
不公平感

埃內斯汀娜

你可千萬別同情
蓋蘭一家。

他們擁有
好多東西了。

許多國家決定對
私人資產徵收特別稅

例如在**日本**

日本
90%

對擁有最高金融財富的人，
課徵前所未有的稅率

同樣的情形也
發生在德國和法國

這些特別稅實施的背景
正是 1914年就開始的
高資產淨值下跌

總財富中
**最高的百分位
份額**

（最富裕的1%）

1/100

99/100

在20世紀將只剩下 1/3

漸漸地，足夠富裕且
得以依靠不動產和金融資產維生的人
將會越來越少

這就是所謂的
所有權社會的消亡

1945年

我知道一直在重複，
可是事實上第一次大戰後
情況就越來越糟了！

不動產持續貶值，
能收的房租也暴跌了……

情急之下，我們
不得不解僱兩位僕人。

那阿卡雄
別墅呢？
還留著？

你有興趣嗎？

哈哈！ 別墅的價格又下跌了，現在還不是賣的好時機啊！

而且，我的女兒珍娜很喜歡那裡。

說到這個……

自1914年，

我們已經用儲蓄來資助他們的戰爭超過30年了！

結果，這次也一樣，又要我們買國家債券和公共債務了……唉……

他們為了讓我們賺得更少，甚至還設定了利率上限！

結果現在，戰爭結束了，卻還是要我們付最多的稅金？合理嗎？

我們可以看到

國家要向朱勒和埃內斯特償還的債務，已經因為通貨膨脹而大幅度地貶值

這把我**逼瘋了**！

他們難以接受，接下來政府還要針對私人資產課徵新稅

我的朋友啊，我知道你很生氣，但我們必須繼續向前看才行。

你有沒有想過，要在瑞士開一個新的帳戶？

有人向我保證，這是個很棒的選擇。

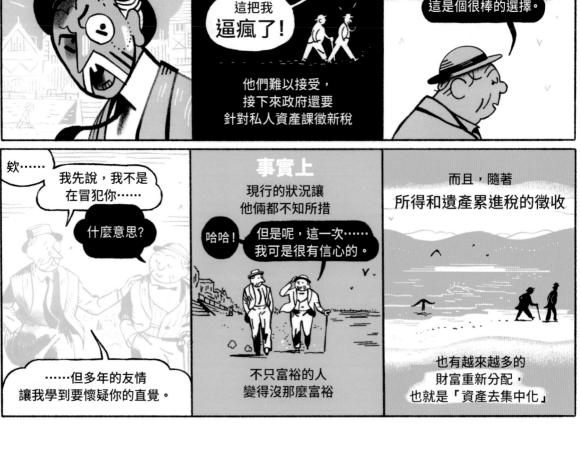

欸……我先說，我不是在冒犯你……

什麼意思？

……但多年的友情讓我學到要懷疑你的直覺。

事實上

現行的狀況讓他倆都不知所措

哈哈！ 但是呢，這一次……我可是很有信心的。

不只富裕的人變得沒那麼富裕

而且，隨著

所得和遺產累進稅的徵收

也有越來越多的財富重新分配，也就是「資產去集中化」

他們並不知道，
從這一刻開始，
這時期將被稱為

輝煌30年

這時代也將讓
像他們一樣的富人大賺一筆

他們成長，
並在成年後深深懷念的世界

REVENU NATIONAL 10%

有一個特點
是國家**稅收**一直很低

*瓶子裡的字「revenu national」意為「國民所得」

而且，
高達98%的稅收
都用於政府職能行政

司法　　軍隊　　行政管理
警察　　　　　　　　基礎建設

幾乎沒有剩下多少可以
用於教育或健康

但在持續到1973年
的輝煌30年期間，
一切都將改變

稅收將直線上升

使得社會支出
戲劇性地大幅

增加

醫療費用　退休金
各類津貼

這將大幅減少不平等現象，
但這些措施還不是全部

新的社會民主國家
嘗試的嶄新雞尾酒

利率提高的
累進稅
＋
社會福利

將帶來
長達30年的
卓越經濟成功

這樣的情況，
徹底顛覆了至今
仍為主流的說法

艾曼紐·
馬克宏
（法國總統）

我絕對不會
制裁成功。

2017！

但輝煌的30年反而證明了
課富人更多的稅，
可以在**社會**和**經濟**上
都有所回報

話說到這個，
你的小女兒，
瑪格麗特還好嗎？

她開始工作了……

她想成為一名
記者呢。

什麼!?

哈哈！你的孩子們啊，沒一個肯放過你！

不過呢，幸好你還有珍娜！

說的沒錯。

那安托萬呢？直到現在，你們還是避不見面嗎？

露易絲有去找他。

⋯⋯我沒辦法，他跟我差太多了。

1949年10月6日
巴黎，布盧耶婦產科

珍娜有來看過您了？

來過了，她今早來的，真可愛啊。

就在我母親之後來的。

很好。

今天，蘿絲和安托萬的女兒克里斯蒂娜出生了，露易絲獨自一人來探望他們，因為朱勒拒絕過來

親愛的兒子，她們兩個都很累了，我們去走走好嗎？

安托萬⋯⋯相信我，你爸爸真的很想來，他很遺憾不能回到你身邊。

哼，最好是這樣！

這麼多年過去了，經歷了戰爭，和這些恐怖的事！

戰爭時，我甚至在德國被俘虜！這有多可怕！

……可是我回來時他卻不在！

現在，我的女兒出生了他也不來!?

你知道他的個性……

他邁不出這一步的，你就當作是幫他吧……我們都老了啊。

哼，我考慮看看。

1950年
10月6日

哇～祝你生日快樂，克里斯蒂娜！

安托萬仔細考慮過後，吞下了自己的怒火

吹熄吧？

這裡！蠟燭！

聚在朱勒和露易絲的家，慶祝家族中最小的女兒的1歲生日

哇啊！

啊??

我可以抱她嗎？

?

朱勒顯得平靜，面帶微笑，近乎溫柔

你生活的世界將與我的非常不同，孩子啊，去上學吧，這將會是你的財富。

這是他留下的最後一個回憶

三天後，他在睡眠中去世

珍娜

是安托萬和瑪格麗特
的大姐

我們還不知道
很多關於她的事

上次提到她的時候，
她才5歲，
現在，她47歲了

L'enfant, trait d'union du ménage.

珍娜很不一樣

她沒有像安托萬一樣，
挑戰父親的價值觀

也沒有像瑪格麗特一樣，
希望在世界的另一頭工作

她完全按照了
大家的期望

畢業後沒多久
就嫁人了

接續和先生生了
一個、兩個，
接著三個孩子，

安然地接受了
家庭主婦的角色

今天是她父親的葬禮，
她的母親悲痛欲絕

於是呢，
珍娜開始接管這個家，
再也不放手

嗨，一切都還好嗎？
我覺得，我們必須談談
勒圖凱的家。

好，好的。

你不用去跑甘地去世
的新聞再回來嗎？

當然要！說到印度，
我向你保證……
那裡真讓人迷戀！

他們正在
寫自己的
歷史！

你能想像嗎，就在3年前，
英國人離開那個國家的時候，

當地有高達
562個土邦！

從那時候起，他們就
通過了新的憲法！

90

瑪格麗特

3年前開始待在印度

速度
真快！

她是蓋蘭一家中
最小的妹妹

她作為駐印記者，
為一家報社追蹤印度新聞

真是
難以置信。

中央國家的生成、
政治和行政的統一，
這全都在我眼前創造出來！

有機會的時候，
我經常訪問制憲議會
的成員……

在訪談的時候，
他們說，他們決心廢除
不平等的種姓制度。

1950年的
憲法
為此建立了
一個機制

保留權

如今，
我們稱之為
正向差別待遇

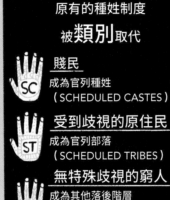

原有的種姓制度
被**類別**取代

賤民
成為官列種姓
（SCHEDULED CASTES）

受到歧視的原住民
成為官列部落
（SCHEDULED TRIBES）

無特殊歧視的窮人
成為其他落後階層
（OTHER BACKWARD
CLASSES）

這樣的用意是，
之前受到差別待遇
或被歧視的人……
這樣人數量
很龐大！

可以享有像是大學或
公家機關，以及選舉機關
保留的配額，有些甚至
高達50％！

是這樣嗎？可是……
你覺得這些配額會
實行多久？

如果把時間拉長，
這樣的配額制度
不會產生新的
不平等嗎？

這當然是
爭議了！

不過，到那時候
不論如何一定得找到
解決辦法。

43年後，
這些爭議生成了
新的規定

la CREAMY LAYER.

直譯就是
「奶油層」

指的是在
其他落後階層（OBC）類別中
受到最多優惠的層級

最高法院將於1993年引入
適用於這些家庭配額的
全新標準：

若高於一定的年度所得門檻*，
這些家庭將不再符合資格*，
得以受到配額優惠

這樣的意思是，
最高法院認為
舊的法定歧視，

印度法院
的標誌 →

並非永遠是
補償與優惠制度的
配額根據。

謝謝，珍娜。
你還好嗎？

很好，
喪事好像會
讓人食慾大增！

我想問問你，
你們後來把
阿卡雄別墅
拿去出租管理了？

對，我幫爸爸填了文件。

他前陣子很容易累，
得常常休息……

阿卡雄可是家族遺產，
雖然我們不再去那，
但我們不一定要賣掉。

那勒圖凱呢？
你怎麼想？

我知道你覺得
維護房子的費用很貴，
是真的很貴。

我……

可是那是家族
中心點與重心呢。

*這個標準將在2018年擴展至適用於官列種姓（SG）和官列部落（ST）類別

可以說……決策權力集中在人數沒多少的主管階級和由董事長所主持的董事會手中。

人數最多的員工，可以說是從屬於公司的。

你這個共產主義者！

哈哈！

真的只有工會會挺身捍衛大家的權利……

如果我們可以和德國採取一樣的制度就好了！

這個時代，德國人投票通過了三項法律，大公司必須和**員工代表**分享治理權：

1951年	大型鋼鐵和煤炭公司	必須保留	董事會**一半的席位**以及投票權
1952年	所有大型公司	必須保留	董事會**三分之一的席位**以及投票權
1976年	所有員工人數超過2000名的公司	必須保留	董事會**三分之一的席位**以及投票權

哇！這不就是和股東一樣了？

對！

不過，還是有個限制，他們的董事會規定有兩個首腦。

一個由員工組成的監事會選出，另一個則由非員工來選出

這裡沒有他們的位置！

若監事會內票數相同，則由主席做最終決定，而且主席總是由股東代表擔任！

但是……不覺得這種做法很有效嗎？

在一定程度上這種作法重新平衡了股東之間的權力！

……而且德國現在的社會和經濟發展真的非常好，實在是讓人感到不可置信！

跟員工分享治理權將產生另外一種在其他地方幾乎見不到的效果：

壓制

主管階級的薪資上漲*

*在美國，這現象就會讓人難以置信

這還不是最精彩的呢！在德國，只有在有助於社會整體福祉時，財產權才是合法的。

真的假的？

是真的！這是1949年德國《基本法》規定的！你覺得法國有可能實施嗎？

完全不可能！絕對！

先別提財產權合法這件事，在法國，必須等到

2013 年

法律才會強制大型公司在董事會

保留12分之1的席位給員工代表！

既然如此，法國為何無法實施這種共同管理的方式？你覺得呢？

哈哈，你這個口氣，該不會是在採訪吧？

嘿！

碰

法國的問題在於，左派政黨們唯一考慮過的替代方案就是國有化。

意思是？

簡單來說，有三種方法可以用來克服公司私有制……

公有制

我即國家

中央政府
地方政府

公共機構

公共實體

取代私人股東，成為公司所有者

社會共有制

2

公司員工

可以參與公司管理，和私人股東共享權力

暫時性所有制

3

為了使財富流通，最富裕的人會將擁有的部分財富回饋*給社會

哈哈，既然這樣……那這家海邊的冰淇淋店，你認為是公有的、社會共有的，還是暫時性所有的？

*使用財產稅形式提供資金給全國民的社會福利政策

96

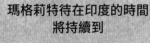

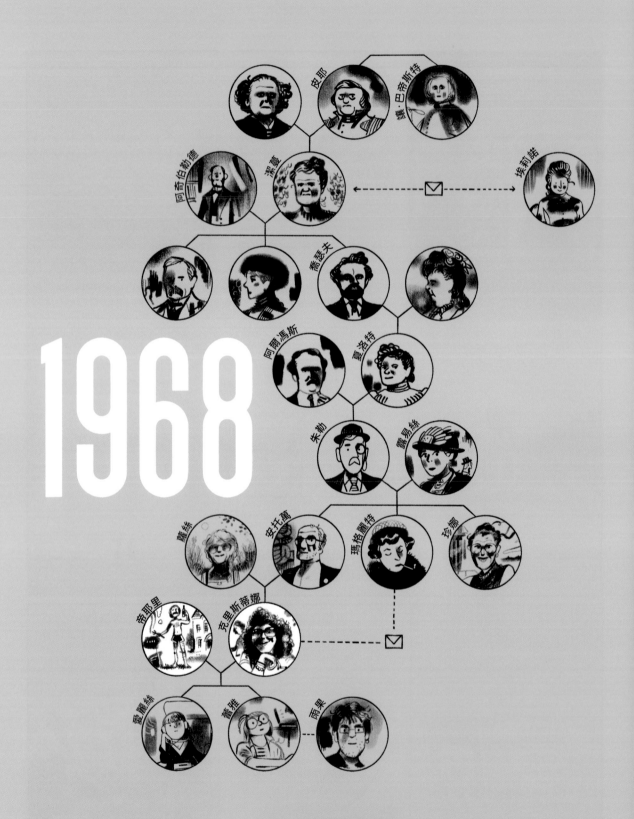

克里斯蒂娜
&帝耶里

克里斯蒂娜

安托萬和蘿絲的女兒長大了

自她1949年出生以來，
已過了19年

歐洲經歷了前所未見的
經濟和社會成長

輝煌30年

稅收
採累進制
薪資
教育水準

都到了最高點，
而社會不平等程度
因此降到最低

新的社會類別也出現了：
中產階級

10:09，
哎喲！

帝耶里

就是中產階級一員

他的父母在14歲時
就為了去工作而
中斷學業

帝耶里卻得以讀大學

他是家族中第一個上大學的人，
而他就是在大學裡
遇見克里斯蒂娜的

嗨～

你好啊！

在我的家族中，
大家都是平民……
而且所有人呢，都投給
左派政黨。

真有趣！

我家則很不一樣，
基本上，在我家呢，
只有讀很多書的人
才會投給左派……

我爸、
瑪格麗特
姑姑……
和我！

其他人
傳統上都投給
右派。

而且他們可是
一心一意捍衛自己的資產！

像是珍娜姑姑和姑丈，
他們就是那樣！

1950 至 1980 年，

社會階層較低的人
傾向於投票給
左派政黨

政治衝突的基準是階級：
社會階級之間互相對立

左派

包括平民和
教育程度較低者

右派

包括資產擁有者
和／或高所得者

1980年以後

越來越多高學歷參選人
成為左派陣營

尤其是管理幹部
和知識分子

這項演變的原因是
教育分歧的逆轉
我們之後會詳細說

我們可以在
所有的西方民主選舉國家中
發現這個現象，

和教育程度上升
同步發生

♪……我很榮幸

喬治・巴頌
**不
求婚**

♪……不向你
求婚……♪

♪ 別將我們的名字刻在證書上
♪♪

對克里斯蒂娜和帝耶里來說，
這新的社會融合
來得恰恰好

對他倆來說，
沒什麼好急的

遠離父母監視的
學生生活很輕鬆

他們相遇2年後，在1970年，
帝耶里第一次出現在蓋蘭家中

參加露易絲的**喪禮**

當珍娜、安托萬和瑪格麗特
目睹影響他們生命中的
摯愛死亡

並試著解決
所有人力和財力方面
的問題時

克里斯蒂娜和帝耶里
完成了他們的學業

以他們自己的步調

準備進入成人世界

成為了教授

1972年
12月

是瑪格麗特姑姑！

最親愛的克里斯蒂娜，
我很高興從你父親那得知，
你的一切都很好，

你和你的愛人
安頓下來了嗎？

你們可以來美國找我！

至於我呢，
在這個可怕的總統選舉後，
正在享受我應得的假期呢。

雖然尼克森當選了！

有一張從佛羅里達來的明信片。

哇，是你的姑姑？

衷心愛妳的，瑪格麗特

理查·尼克森
以壓倒性的勝利成功連任

總統大選
理查·尼克森

他奉行貝利·高華德的保守意識形態

但真正實施高華德思想的人，在1972年還只是一位州長

讓美國再次偉大？

嗯，快要了。

隆納·雷根

與此同時，尼克森將因為水門事件被迫辭職，

The New York Times

尼克森 辭職
他要求有喘息空間
福特今日接任

傑拉德·福特將繼任他的位置，而後吉米·卡特當選，給了民主黨4年的喘息機會

克里斯蒂娜和瑪格麗特兩人時常通信往返

航空郵件

Marguerite Guérin
18 independance St
Washington, DC 20036
UNITED STATES

令人想起一個世紀前的潔蔓和埃莉諾

1974年11月

親愛的瑪格麗特，這個政治討論真的很有趣，但我要轉移一下話題。

我懷孕了！

天啊，親愛的！

1980年
10月

愛麗絲，克里斯蒂娜的女兒，5歲了

鈴 鈴 鈴

安托萬？

而瑪格麗特正在追蹤報導她的第5場美國總統大選

小妹，好久不見了你最近還好嗎？這場選舉呢？進展如何？

對所有的記者來說，雷根是完美的參選者，他原本就是一位演員……

但他的競選政見……救命啊！他根本是十個的尼克森！

幫我和她問好！

啊，我也是這樣聽說的，簡單來說，就是美國的柴契爾囉？

當然沒有啊。

後設視角
讓我們得以看到

← 水

← 沒有水

這項政策<u>沒有</u>效

雷根上臺的

30多年

以來

*牌子上寫著：歡迎來到挫敗的美國

美國的社會和經濟
一年比一年還糟

人均國民
總所得

的<u>成長</u>

雷根之前

雷根之後

零

足足減少了一半

而且不平等現象
大幅增加

當然，
收入最低的50%人口，
支付了最高的代價

他們甚至陷入了

停滯

從1980年以來就毫無成長

讓美國
再次
貧窮

這種貧窮民眾的發展停滯，
在美國史無前例

除非我們是想要：

☑ 集中財富

☑ 增加不平等現象

☑ 增加公共債務

☑ 使人民貧困

蛤？這不就是
我們的目標？

取名不當的
「保守派改革」
以失敗告終

呃……

啊？

就是這樣。

*MAGA是「讓美國再次偉大」的縮寫

1981年
5月10日

5,

19:59:56
·20h 00 00

4,

3,

全家人和幾個好友
一起聚在
克里斯蒂娜和帝耶里的家

2,1...

贏了嗎?

贏了!

贏了!

法蘭索瓦·密特朗
當選法蘭西共和國的
下一任總統。

贏了!!!

好耶!!!

他贏了!

太好了!!

他以51.7%的票數
戰勝現任總統,
取得勝利,

讓我們來聽聽
新任總統密特朗的
第一時間訪談。

呼

好耶!

我不敢相信!

終於!

我們有很多事
要一起做!

我必須打給
瑪格麗特!

我必須打給
......

爸爸?

發生什麼事了？這麼晚了，你們為什麼還在電視前面？甚至露出這個表情？

愛麗絲14歲了

我們在看柏林圍牆倒了。

這明顯代表蘇聯輸了！

讓人不可置信！

唉……反正本來就會以失敗告終。

啊？

當然啊，從一開始就站不住腳了。

那些共產主義政體的計畫就是廢除私有資產

但是
他們對於用什麼取而代之，並沒有明確的想法！

如何做決策？如何分配財富？

呼

國有資產
是他們唯一的答案

因此，每一點給予私人財產的缺口，即使很微小，

都被懷疑可能是造成整個體制失敗的原因

這讓我想到某個東西。

別打開！

沒錯！又是……
潘朵拉式論點

他們過度把權力個人化，然後說他們會照顧一切。

結果呢，因為經濟上的表現沒有他們預期上順利。

他們就不得不去找代罪羔羊。

最後就引爆了大清洗，任何人都有可能無緣無故入獄。

自1920年代以來，在俄羅斯，許多（私人）工人都被無端定罪。

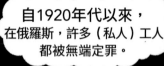

因為他們和國有資產的理念背道而馳，不符合政府敘事所以當局就剝奪了他們的配給！

史達林去世時，有超過5%的蘇聯成年人被關在監獄裡！

這麼多！

……但是，超過一半都是無端入獄。

像是為了改善生活的小型竊盜，就被指控「偷竊社會主義資產」。

明顯就是汙名，這很荒謬！

你說的對。

一個社會中不可能只有無產階級的人和大型工業的工人！

還必須有人供給你食物、住房……

愛麗絲？

我累了，我要繼續睡覺了，晚安！

親愛的，晚安。

她都不知道父母是歷史系教授，有多麼幸運。

在當時，蘇聯解體帶來了一個結果：

資本主義

18/20　繼續保持！

以資本主義和超級自由為模型的雷根策略被認可了

但是呢，歷史終結* 還遠的很，

The End

下個時期的特色是 無限信仰 私有資產

這是1990年代的重要特徵之一，

IS IT GETTING BETTER
感覺好些了嗎？

OR DO YOU FEEL THE SAME?
還是覺得毫無起色？**

……也可以解釋為何不平等現象重新加劇

*在《歷史之終結與最後一人》（1992）中，政治學者法蘭西斯·福山認為，共產主義的垮臺代表著自由民主的勝利

**U2樂團的歌〈ONE〉的歌詞，U2樂團以著墨人權聞名，不避諱任何政治話題

公共干預不斷減少，
各個行業私有化，

神聖的競爭

純潔 及 完美

為我們祈禱吧

大家普遍認為，
市場和私營企業
創造的效率
無人能及

但是，資本流通的自由化會出現問題，
因此必須建立控管機制：

**透過管理
和稅收政策**

走開，
別妨礙
我祈禱

**透過國家之間
自動交換
資本持有者的資訊**

然而，歐盟直到現在都沒能建立這個機制

難怪孩子們對這不感興趣，
這和他們關注的事
實在是差太遠了。

看看愛麗絲，她只關注
樂團和電視節目……

要不要試著
和他們聊聊一致同意
的規則呢……

哈哈，你很白痴。

一致同意

自從歐盟創建
第一批條約以來

就決定了，
某些最重要的決策

唯有國家元首和政府首長
一致同意後才能做出

OK.

☑ 稅收
☑ 歐洲預算
☑ 外交政策

大家都同意嗎？

如果這樣才能達成協議上，
我們真的有辦法改革嗎？

以稅收問題為例：

能坐在你們
身旁我太高興了，
朋友們。

我們也是！

荷蘭　盧森堡　愛爾蘭

只要某些成員國
對企業來說是避稅天堂

就無法期望
能提高歐洲稅收
或統一國家之間的稅率

我反對！

荷蘭　盧森堡　愛爾蘭

不可能達到
一致同意

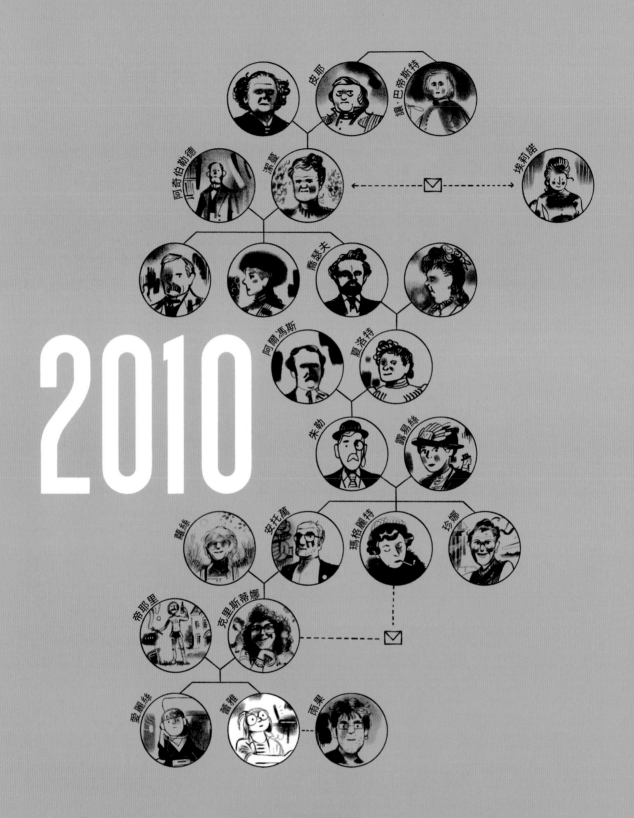

2010

蕾雅

你到了就打電話回來，好嗎？

當然好！

別難過，我們還有Facebook可以聯絡呀！

噢！但我還是想要用其他的方式來定期收到你的消息啊！

別忘了，你還是要偶爾看看法國發生的事情！

好啦……我會在Twitter上看的！

這位去美國讀書的~~年輕女子~~是蕾雅，是克里斯蒂娜和第耶里的第二個女兒

在這一刻，超過500000人飛上天際。歡迎來到充滿機會的世界。

匯豐銀行
您無時無刻 無所不在的銀行

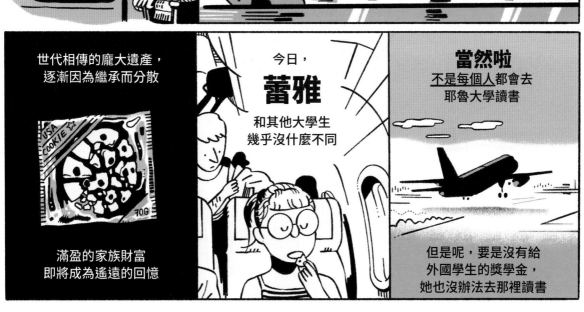

世代相傳的龐大遺產，逐漸因為繼承而分散

USA COOKIE
70G

滿盈的家族財富即將成為遙遠的回憶

今日，

蕾雅

和其他大學生幾乎沒什麼不同

當然啦

<u>不是每個人都會去</u>耶魯大學讀書

但是呢，要是沒有給外國學生的獎學金，她也沒辦法去那裡讀書

耶魯大學

LUX ET VERITAS

是美國最著名的大學之一

我是法國人*！我來這裡讀碩士，你呢？

歡迎2011學年新生

我是本國人，來自康乃狄克州！

我的祖父、母親和我的哥哥都在這裡讀過書。

她第一天遇到的這個人叫詹姆斯，他是一位

校友子女

（Legacy student）

他能進來這所學校，多虧之前在這裡讀過書的家人以及捐款

哎呀，雖然是這樣，但我也有很努力讀書啦！

我也沒質疑這點啦。

詹姆斯花時間解釋這點，是因為這樣走後門已經不常見了

我叫做蕾雅，你呢？

我叫詹姆斯。

在今日的社會，社會地位必須以個人價值來證明

這個新發明叫做

成就主義**

哇

繼承（héritocratie）

成就（méritocratie）

這兩個法文字怎麼那麼像！***

真的耶！

這是統治階級為其他人所想像出來的

成就主義繼承了所有權主義的意識形態，理念如下：

每個人想得到的東西都是必須努力爭取，像是耶魯大學學位！

你說的沒錯！

因此，在

成就和才能

的幌子下

社會特權就這樣延續了下來

新生宿舍在右邊。

好，謝謝！

唯有本來就占主導地位的人才擁有被認可的機會

**méritocracy，又譯成功績主義
***黑板上是héritocratie和méritocratie，只差字首，暗諷個人成就與繼承有關

有人知道美國是如何成為所有已開發國家中最不平等的國家的嗎？

原因有很多。

第一個原因，是初級所得不平等的現象在今日的美國再次出現。

初級所得不平等的意思是，近幾年來，高階主管和企業領導者的薪資增長幅度非常誇張。

在以前，這些極高所得人士必須負擔較高的稅率。

這樣下來，就可以妥善控制薪水高漲。

畢竟如果幾乎所有薪水都要繳到國庫，那為何還要賺更多錢呢？

從1980年代以來，因為政府全面調降稅率，使得這些極高所得人士的收入整體飆升。

所謂前1%最富裕的人們也因此變得更富裕。

相對的，那些前50%最貧窮的人自1960年後半起，就停滯不前了。

可是，教授，

我們可以拿這些現存的不平等現象和歐洲美好年代的不平等現象相比嗎？

這很難比較，因為兩者本質就不同。

在當時，那些收入極高的人，主要的所得幾乎完全來自財產收入*。

但如今，這些極高所得主要來自企業支付的薪資。

想要了解這點，我們可以來比較看看美國跟法國。

稅金和轉移支付大大地減少了不平等的現象，非常不可思議。

*指藉由房產或地產出租、營利獲得的收入

在經濟學中，

稅金和支付轉移

指的是獲得
初級（稅前）所得後
進行的交易

稅金
繳款

津貼　　福利政策

這就是
再分配政策

所以呢，再分配政策
在兩國減少不平等現象
的程度，可以說是
不相上下、成果相當。

然而呢，
美國還是比法國
更加不平等。

深究原因可以發現，
造成美國比法國更不平等
的原因在於這個。

前分配政策
再分配政策

也就是
前分配政策

換我來問問你們這個……

美國的前分配出了
什麼問題？

前分配政策
再分配政策

……沒人知道？

你們知道嗎？
1950到1960年期間，
美國的最低薪資
是世上最高的。

哇……

這是真的！

可是呢，1980年以後，
薪資沒有定期調整。

導致國家的最低薪資
變得非常低：在2010年
每小時只有7.25美金！

面對如此低的
薪資水準，

$7.25 美金
無法在美國
存活！

加州等各州將
自主決定
提高最低薪資*

可是……在前分配政策裡面，
一切都跟最低薪資
有關嗎？只是這樣？

並不是。

我們必須確保
最低薪資不能太低，
但事實上光這樣還不夠。

例如，到2015年以前
德國都沒有用法律
規範最低薪資，

但是當地的
平均薪資還是
相當高。

這不是靠魔法，
也不是因為
市場是良性。

*自此以後，拜登承諾把全國最低薪資定為15美元

這是因為德國的法律制度，尤其是勞工法和公司法，都發揮了很好的管制效果。

特別是勞工集體協商制度！

也許這就是問題所在！

況且，在前分配政策中，也不是只有薪資問題需要討論而已！

讓需要的人獲得好的培訓也是一種前分配！

這就是我要你們為下一堂課思考的問題，全部都記下來了嗎？

讀書會開始！我看看⋯⋯下一堂課要討論的主題是：「教育投資的減少如何加劇了美國自1980到1990年代的薪資不平等？」你們怎麼想？

我查到的資料顯示，這是因為初等和中等教育的資金非常分散，所以不平等情況相當嚴重。

而且孩子要進入高等教育的機會取決於父母收入的程度，兩者呈正相關。

沒錯！

在美國，情況一直是⋯⋯

在2010年代，最清寒家庭子女進入大學的機率只有約20%到30%左右而已。

但最富裕家庭的子女則高達了90%左右。

哇！

既然如此，在歐洲，或單指法國好了，教育制度有比這裡更平等嗎？

原則上呢，教育是免費、公共，和平等的，可是⋯⋯這是假象！

哈哈！看得出來你投給了他。他是右派還是左派？

呃……

我和我父母一樣，都投給了左派，我也知道這很荒謬！

哇！你全家都投給左派嗎？？

不是！只有我跟我父母而已。

他們是知識分子，而且是教授！

但是我父親那邊的親戚都不再投給左派了！

他們還在工廠工作的時候，是全部都投給左派沒錯，但是現在……

前面已經說了，1980年代徹底改變了 投票的階級結構，每個人都不再侷限於自己的階級

下層和低收入階級以前投給
左派

富裕階層以前投給
右派

自1990年以來，我們可以觀察到一種不一樣的制度，稱為

多元菁英

兩個聯盟 會輪流掌握權力

中間偏右政治人物→民族主義者

← 社會民主主義者 極左派政治人物

受到最多教育的稱為
左派「婆羅門」

最富裕的稱為
右派「生意人」

但是每種意識形態都需要為不平等的現象給個解釋

我沒有說一切都很好，

我說的是一切都有原因，

……但只要聽從我的建議，那麼一切都會比較好。

但是他們所需要努力的形式和回報都各自不同

左派「婆羅門」

重視

學業上的成就

偏好智識工作

文憑和知識

右派「生意人」

看重

職業動機

商業頭腦

熟練的談判技巧

我們沒那麼自以為是！

左派政黨

是如何成為文憑菁英的大本營的呢？

各國的
文憑菁英
無產階級
聯合起來

我們觀察到了在1950到1960年代，開始出現了這個趨勢

看看那些戰後投給左派的<u>無文憑者</u>

他們的子女和孫子女擁有了更高的<u>教育程度</u>

他們在高等教育得到的文憑越高

謝謝投票！

繼續大規模投給左派的人就越多

同一時間，
持有短期高等教育文憑或是只有學士文憑者，

必須要改變了。

變得越來越不願意投給左派政黨

至於其他人，
那些無文憑者，或是沒有接受中等教育者，

他們大規模地放棄投票

這就是教育分歧造成的

投票逆轉
（詳解版）

比第100頁那裡更清楚了，十分感謝。

*書名為《資本與意識形態：經濟學知識漫畫》

不客氣。

所以你爸爸那邊的親戚，他們都投給誰？

不去投票。

……或是選擇投給極右派。

極右派？

哇！

類似另類右派？莎拉·裴林或茶黨**？

就是這樣！

可是，為什麼他們不投票給左派了？

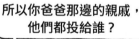

我想是因為他們對密特朗太失望了。

？

密特朗在1981年當選時，主張社會主義。

**共和黨中最右翼的一派

長話短說的話就是，他以左派身分當選。

執政2年之後，卻突然改執行右派政策。

就因為這樣，很多左派人士不肯原諒他！

這跟歐蘭德要做的事差在哪？

啊，這個啊……

叮鈴鈴叮鈴鈴♪

是我媽媽打來的，不好意思。

媽！有，我有看到！

啊，這個啊，他會有很多事情要做，沒錯！

薩科吉被換下了，這是個好的開始！

左派選民轉向支持右派，是執政失敗的結果

不僅法國如此！幾乎到處都是這樣，社會民主主義失敗了

他們不懂得調整
政治計畫綱領，
以適應新的挑戰

全球化
並沒有讓所有人都同樣受惠

這是個很糟糕的時機。

撐住啊！

累進稅制
沒有被廣泛採用

就連
**擴張
教育範疇**
也沒有如人們預期的那樣發揮效果

結果就是，在一個孩子們
找不到工作的世界，
要如何不感到被遺棄呢？

左派和文憑菁英的問題，在美國也有類似的狀況啊！

?

我就有讀到相關研究，現在那些擁有大學文憑的人越來越傾向投給民主黨。

未受教育者，則越來越傾向投給共和黨……

也不盡然吧～

我全家都在這裡念過書，每個長輩跟親戚都投給共和黨啊！

每個人都投給共和黨，你確定嗎？

我可以確認一下，但……

去確認吧。我家呢，自從有投票權以來，每個人都投給民主黨，我確定。

是喔……

你知道共和黨原本對奴隸制抱持的主張嗎？

那你呢？你知道民主黨原本是支持奴隸制延續的嗎？

……OK，這局平手。

歷史上，
民主黨是支持
奴隸制的黨派

在非裔社會運動者的施壓下

民主黨於1963到1964年之間，轉而支持民權運動

金恩博士

約翰·費茲傑拉爾德·甘迺迪

民主黨才成為今日大家熟悉的樣貌

從此以後，自1964到2016年的總統選舉中，

民主黨拿到了超過

90%

的非裔選民選票！

相反的
原本支持
廢除奴隸制的
共和黨，

在1960年後，開始主張回到純白美國
（這打從一開始就不存在）

不論如何，富人的選擇似乎不會改變的

捍衛財富還是影響選票最有力的因素

最富有的人幾乎從不投給左派

而其他選民的投票傾向則會改變！

媽媽～你相信他說「我的敵人是金融界」*這句話嗎？

*歐蘭德在2012年的總統選舉競選活動中，多次提到了他的敵人是金融界

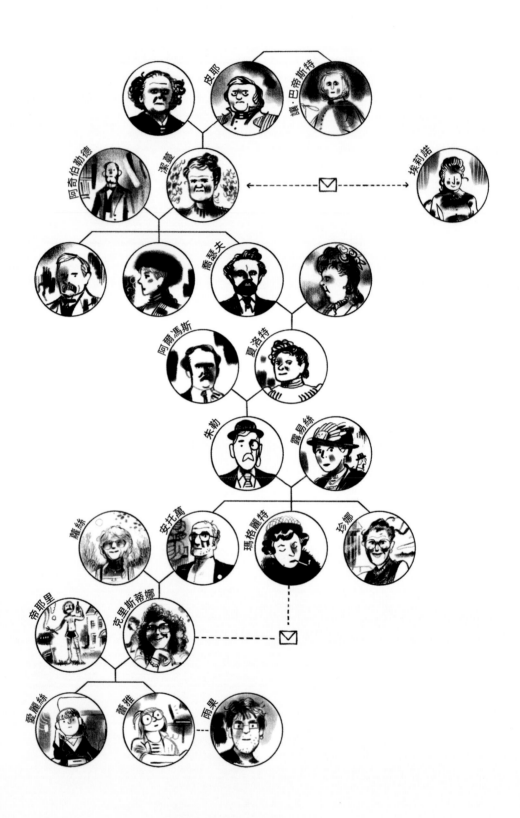

蕾雅&雨果

*我們把公司資本和其他類型的資本（如土地、房屋等等）分開來看
**2010年和2016年之間，西歐收到的利益等於東歐國家GDP的4～7%

2015年 夏天

我願意承擔這份文本的責任,儘管我不相信它。

但為了避免任何災難,我必須簽署這個計畫*。

真可憐,希臘人應該很生氣。

距離他們投票反對救助計畫才不過5天欸。

他們的總理在開票之後卻馬上和歐洲執委會簽署了協議!

簡直可以說,他完全背棄了他的承諾和選民,對吧?

但他沒有別的辦法,希臘向歐洲求助。

俗話說呢,有得就必有失……

?

像是必須改革、結構調整……

真煩……好了啦,你說話的口氣就像歐盟委員。

很討厭,雨果。

這件事
也可以有不同的解釋

好,

拜託。

阿萊克西斯·齊普拉斯
2015年至2019年
擔任希臘總理

在法國和德國

人們認為自己幫助了希臘

噢,沒錯,沒錯。

在希臘,則相反。
人們認為法國和德國,

這裡不是梅克爾的殖民地

TROÏKA

整頓希臘的目的是為了搜刮利益

*2015年前希臘總理齊普拉斯於希臘廣播電視受訪時,表示第三次援助計畫達成的協議是他「不相信的文本」,但他「簽署該協議是為了避免災難」,他「願意對這份文本承擔責任」

在雅典那晚的派對上遇到的亞尼斯和瑪莉雅，你記得嗎？

嗯，記得。

他們那時候在那裡度假，你有聽到他們說的嗎？他們被迫離開希臘。

他們可是希臘人，結果因為一個美國危機，害得他們在自己家鄉失業、找不到工作，這也太誇張了，對吧？

你只能說對，雨果，不然我把你丟在這艘船上。

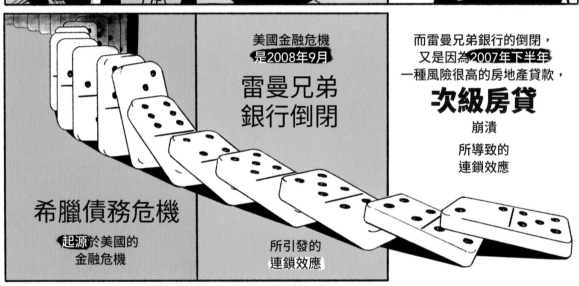

美國金融危機是2008年9月

雷曼兄弟銀行倒閉

希臘債務危機

起源於美國的金融危機

所引發的連鎖效應

而雷曼兄弟銀行的倒閉，又是因為2007年下半年一種風險很高的房地產貸款，

次級房貸

崩潰

所導致的連鎖效應

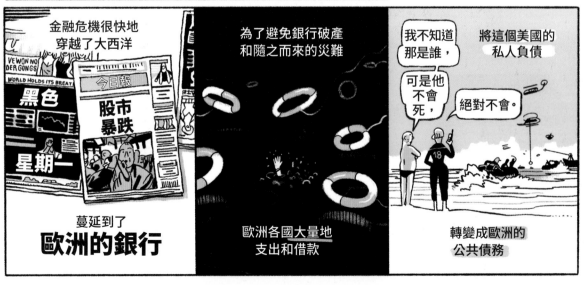

金融危機很快地穿越了大西洋

黑色星期一

今日報
股市暴跌

蔓延到了歐洲的銀行

為了避免銀行破產和隨之而來的災難

歐洲各國大量地支出和借款

我不知道那是誰，

可是他不會死，

絕對不會。

將這個美國的私人負債

轉變成歐洲的公共債務

……希臘的年輕人當然不用為他們國家高利息與高債務負責。

好喔……

……你說得那麼輕鬆！

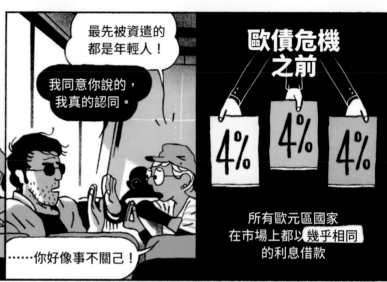

最先被資遣的都是年輕人！

我同意你說的，我真的認同。

……你好像事不關己！

歐債危機之前

4% 4% 4%

所有歐元區國家在市場上都以 幾乎相同 的利息借款

危機之後，那些被認為體制最安全的國家

★★★★ 2%

★★★★ 2% 德國

法國

獲得了 最低 的利息

Espagne

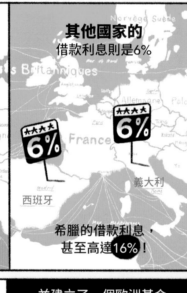

其他國家的借款利息則是6%

★★★★ 6%

★★★★ 6% France

西班牙

義大利

希臘的借款利息，甚至高達16%！

歐洲各國
花了很多時間才意識到，這種利息差異

將毀壞
歐元市場

必須採取行動

在2012年，歐盟通過了一項更嚴謹的新預算條約

如果……我們提高超支必須負擔的罰款呢？

並建立了一個歐洲基金，以幫助被市場攻擊的國家，這個機制稱為

歐洲穩定機制

啊，讚唷！

可是，嗯，把手抽掉之後會怎樣？

閉嘴！

問題是

解方跟危機
沒差多少

結果是

這個基金使得富裕國家，
尤其是法國和德國，

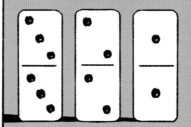

可以用比金融市場
更低的利息
借款給貧窮國家

但是這個利息
又比他們國家能獲得的
利息**還高**

對於這些

富裕國家

很棒，對吧？

這再次被認為是
一項慷慨之舉

現在又
怎麼了？

拜託，我們提供給
你們的利息已經很低，
比你從市場上借貸的
還要低欸！很好吧？

但那些

貧窮國家

（希臘或其他南、東歐國家）

這裡
不是
梅克爾的
殖民地

TROÏKA

從整體的角度
來計算這一切

數學題目

① 借入
利率是 2%

② 借出
利率是 4%

③ 總結

這樣我賺了多少錢？

果然，又一次地，
這看起來像是
利於**富裕國家**的交易

這個陽光也太好了，
我肯定會上癮的，
我要住在這！

你沒有看錯

①個人或公司向私人的②銀行借款時

銀行　③歐洲央行

為了籌集貸款資金，這些銀行也會向③歐洲央行借款

但除了這些常規的貨幣創造

2008年的危機還促使歐洲央行推出一項特別計畫

量化寬鬆

更柔軟鬆弛

*廣告詞上寫著「給經濟一個舒服的擁抱」

光從字面看不出個所以然，這到底是什麼呢？

也就是從各地的私人銀行收購

規模龐大的「債券」！

不分私人或公共債券！

私人銀行藉此得到可流動的資金

再貸款給家庭和公司

由於現金量足夠，借款也更容易，貸款的需求也因此上升。

最終將有助於促進經濟活動。

為了提高效率，

歐洲央行在危機時注進了大量金錢

2017年的上半年，買進高達

2000萬億歐元私人資產

購買的數量非常龐大！

這麼大的金額是多少錢呢？

兩兆歐元

幾乎是法國2017年一整年的國內生產毛額（GDP）了**

**根據法國國家統計與經濟研究所（INSEE），是2兆2917億

試算看看

在所謂的歐債危機期間，
這些「非常規生產出的」貨幣，創造每年

3% 等同 3倍

歐洲生產毛額　　　　的歐洲營運預算

再加上，
金融資產＋貨幣創造

歐洲央行在2018年年末
資產負債表達到了
歐洲生產毛額的

40%

是10年前的整整4倍！

我知道很難看出這代表什麼，那我們就來看看這個簡單的事實：

歐洲中央銀行確實是歐洲唯一一個強大的聯邦機構

優點是
歐洲央行的政策
成功止損

否則經濟大衰退也可能
變成經濟大蕭條

缺點是
這只是短視近利的方案

快買東西！

因為已無計可施

這些危機有經濟層面的影響，
但也有政治、社會和
整體社會層面的影響⋯⋯

喔唷，
不關
我的事。

抱歉。

但央行無法解決
這些整體問題！

2015年 10月

我很謝謝你又問我的想法，可是……我不要。

蕾雅和雨果的假期已經結束3個月了

但搬去法蘭克福的事還沒解決

……我不想去那裡生活，就算是為了你好了，我也還是不要。

老實說，他們沒有共識

不過本來就沒人說書裡會有愛情故事，這是一本經濟學漫畫

而且……

你不是還有巴黎的工作機會嗎？那個薪水很好……

你在開什麼玩笑啊？薪水很高耶，你以為他們會給我這種薪水嗎？

我這樣說不是要氣你，不要鬧了！

我很抱歉，問題是我們同年，兩個人都是耶魯大學畢業生。

但你的收入硬生生地比我多四分之一，雨果！而且我不是個例！這很普遍！

……我沒有說這都是你的錯！搞什麼鬼！

我沒有大聲說話，我們以前會好好對話的，難道不是嗎？

輝煌30年

男性和女性的收入不平等現象極為嚴重

儘管承諾解放家庭主婦

但對大多數的資產或中產階級來說，最理想的家庭圖依然是：

fig.1

女性為了照顧家庭，放棄職業生涯

直到今天

男性和女性進入職場時的平均薪資還是相差了大約

25%

而且是在同等學經歷條件下！

考慮到
不同的
職業道路和升遷機會

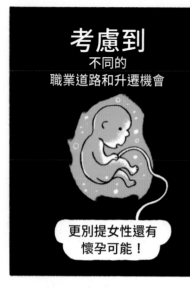

更別提女性還有
懷孕可能！

平均薪資的差距
在整個職業生涯中不斷擴大

40歲時相差
40%

65歲時相差
64%

就連退休後收入
也依然有性別差異！

簡單來說
最高收入的上升
主要對男性更有利

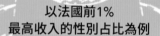

以法國前1%
最高收入的性別占比為例

女性在最高收入的占比
確實有在增加……
但是非常緩慢！

在1995年和2015年之間，
只從 **10%** 成長到 **16%**！

以這個速度，
要讓最富裕的1%富人
達到男女比例各半

TU SERAS
MORTE AVANT
D'ÊTRE RICHE

*字卡裡的意思是「還沒富裕就先死光了」

甚至要等到
2102年!

每一種不平等的制度
都有其歷史背景

依然主導今日社會的
父權統治就是如此

這些因為性別而
造成的差異就是那麼不公平！
根本是建立在完全過時的
刻板印象上，不是嗎！

再加上到處都看得見
帶有性別歧視廣告！

如烤雞般的
古銅美人

這些東西
害我想加入女權組織，
我這樣講你又能
明白嗎？！

如果這會讓你開心，
那就加入吧。

現況是，如果歐盟無法成功轉型……

或是無法提出能夠具體實現。

一個建立在簡單明確的社會和稅收正義措施基礎上的替代計畫。

那麼在這個問題上，平民階級和中產階級，就不太可能改變他們的看法。

不好意思，你剛剛說什麼？

我泡了杯咖啡，記得喝。

一起喝吧，時間還很早。

在所有的富裕國家中，中產和平民階級都覺得受到了

不公平的對待

嘩啦啦啦啦

因為他們沒有從全球成長中受益

美國學者米蘭諾維奇

的研究成果中，有一張知名圖表便清楚地展示出了這點

我做的！

謝謝。

這圖表被稱為

大象曲線

蒐集了1980到2008年超過120個國家的數據

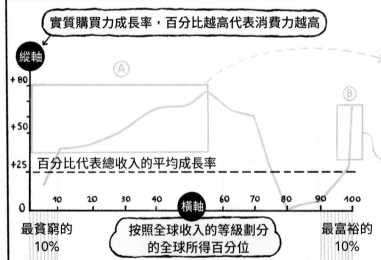

實質購買力成長率，百分比越高代表消費力越高

縱軸

Ⓐ

Ⓑ

+80

+50

百分比代表總收入的平均成長率

+25

10　20　30　40　橫軸　60　70　80　90　100

0

最貧窮的10%

按照全球收入的等級劃分的全球所得百分位

最富裕的10%

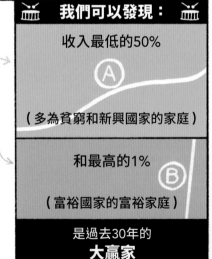

我們可以發現：

收入最低的50%

Ⓐ

（多為貧窮和新興國家的家庭）

和最高的1%

Ⓑ

（富裕國家的富裕家庭）

是過去30年的
大贏家

我們還可以發現

富裕國家的
中產和平民階級

← 從這裡

到這裡

60   → 90

確實被全球成長忽略了

歐洲和全球化
總是遭受批評，

但是這個圖表正顯示
它們都還是改善了
最貧窮人口的貧困和不平等！

這就是你讀到的嗎？

哇，大家真的都只看
自己想看的！真有趣。

哈哈，
你怎麼看？

我讀到的是：社會中
最高收入不斷飆升，
以及超級資本主義的形成，
正在急劇地讓

全球不平等現象
越來越普遍和嚴重。

哈哈！好啦，好啦，
我真的得走了。

不然我就要被那些
超級資本主義者開除了！

縮短工時萬歲！

好喔，我們來仔細
看看這主題。

喀嚓

所以，

這個機制是使那些最富裕的人更加富裕嗎？

還是要認為是多虧現有的機制，讓最貧窮的人可以追上？

事實上呢，這兩點都毫無疑問是真的。

如果我們將大象曲線的右上角放大。

1:50 / 1:48:08

你們看！我們可以清楚看到，世界上最富裕的1%吃掉了很大一部分的全球總收入成長。

這1%的富人吃掉了高達27%的總成長。

但是，我們看不到的是，

……同時，世上最貧窮的50%人口卻只擁有12%的全球總收入成長。

富人吃掉的收入成長比率是世界半數人口的兩倍多……

CLIPPER

這意味著那些原本就擁有最高財富的人收入極速增長。

俄羅斯寡頭
墨西哥大亨
中國億萬富翁
印尼金融家
沙烏地阿拉伯地主
加州富豪
印度實業家
歐洲投資組合

而且，我們可以發現，他們的財富增長速度遠遠快於全球平均的財富成長速度，**是全球平均成長速度的3～4倍！**

這一切真的有可能發生嗎？

這之所以有可能，是因為最富裕的

所有人

都掌握了讓自己更富裕所需的資源

稅務建議

金融投資建議

也因為

資本收益的增長

超過薪資收入的增長

現在想要致富，就最好要有資本，也就是錢滾錢，

例如透過遺產繼承，或是透過出售新創公司來獲得高額利潤……

擁有高薪已經無法致富了。

超級贊同！

這樣下去的話，

3:10 / 1:48:08

第一次世界大戰後的經濟與社會情況將會再次回歸。

收租者社會回歸

（嗨，朱勒！）

托瑪・皮凱提說的真好，

也祝你有個美好的一天！

關上

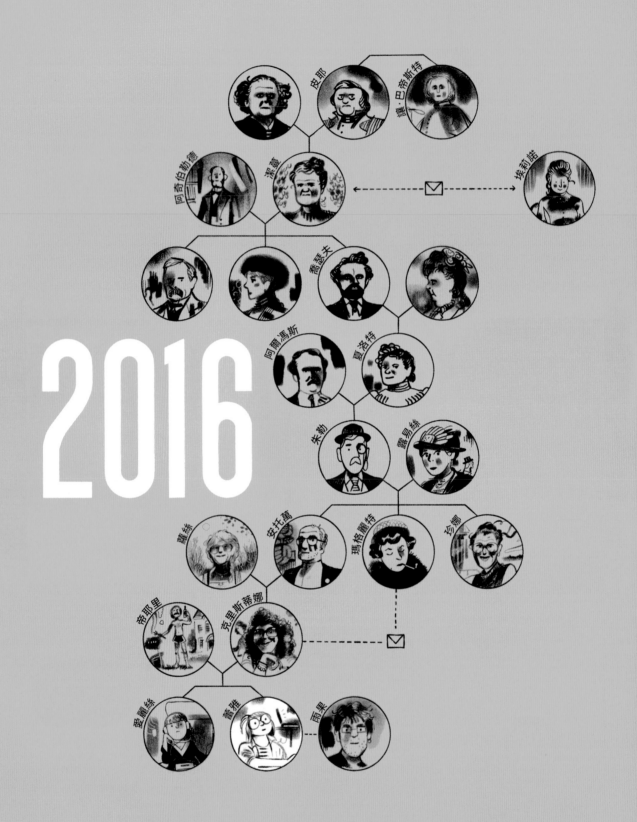

分手後的蕾雅

她們倆
很久沒見了

對不起，
我不是……

沒事的！

納蒂雅曾參與
巴拿馬文件的調查，
過程非常精彩

這我們晚點再說

所以，雨果還好嗎？

前陣子他去
法蘭克福了，

我們分手了。

噢……

別難過……

沒事的，而且……
我覺得我們的……
世界觀不太一致，差很多。

還會遇到其他人的！

伴侶的話，
我不知道誒！

但我倒希望有情人囉！

妳呢，說說妳的事嘛！
你從事這個秘密工作
那麼久了耶？感想如何？

根本就像
007！

小聲點！即便是所屬
編輯部的同仁，
我也不能說！

不過呢，我和一個
國際調查記者同盟
一起工作了一段時間。

好酷！

這只是炫耀啦……

要處理那些文件，
其實是個很辛苦的工作。

有間律師事務所就
洩漏了1150萬份的文件！

2016年4月的

**巴拿馬文件
醜聞**

揭露了，
跨國公司和富人
是如何大規模
逃稅

巴拿馬是
避稅天堂
利潤和收入的稅率非常低

在這裡

中美洲

巴拿馬

南美洲

小聲點

而且保障稅務機密

如果有外國人
在巴拿馬設立一個
公司或是帳戶

別擔心
我們不會
告訴任何人

巴拿馬稅務機構
並<u>不會</u>知會設立人
原國的稅務機構

巴拿馬文件
列出的名單包含了
運動員、政治家、商人

| 梅西 | 政府官員 | 富商 |

他們在巴拿馬都有
空殼公司，原因都是

避免在他們的居住地
申報收入或是利益

從而逃稅

等一下！
新聞上可是早就有
財務醜聞了啊，
難道不是嗎？

沒錯，像是
盧森堡跟瑞士……

但這些還
不是最嚴重的。

話說，你們還記得
朱勒的朋友，
埃內斯特嗎？

第88頁後就
沒他的戲份了

🌐 國際調查記者
同盟   ＜回到首頁

埃內斯特最後的直覺，
也就是把錢放在瑞士，
讓他的晚年生活變得美好

＋ 瑞士稅務外洩事件

國家　人物　故事　關於我們

來自203個國家，106,000名客戶，
超過1000億美元

探索國家、人物和故事

但這也讓他的後代
出現在瑞士稅務外洩事件
的名單中

1980年以來，
世界各地不斷發展避稅天堂

能坐在你們身旁
我太高興了，
朋友們！

沒錯！

| 荷蘭 | 盧森堡 | 愛爾蘭 |

這是各地競爭後的結果

全球每年的稅收損失
高達大約

427

億美元

相當於2020年
3400萬名
護理師的年薪*

*2020年的數字，來源於租稅正義聯盟（Tax Justice Network）的年度報告。根據每個國家的稅收損失與各國護理師平均工資的等值計算

在**2017**年
有53個國家實施了
自動資訊交換

逼♪

銷售
增長

接下來，又有
48個國家實施！*

對這些國家和
他們的稅務機構來說，
這是進步

嗶

但是傳送的資訊
性質有限

銀行通常只提供
關於財務收入的資訊

財務收入　　資產

而不提供關於
股票、債券等
資產本身的資訊

事實上
即便資產有確實登記，
也是由私人公司
負責登記，

美國 → **DTCC**
存管信託公司

Clearstream公司
&
⊚ Euroclear公司 ↗ 歐洲

這些企業
替國家承攬了這個工作

具體來說
可以對這些資產
徵稅的機構

什麼資產？

很多時候
甚至不知道
這些資產的存在

Options des dossiers　　? X

要好好地處理
交換資產方面的資訊

🗁 隱藏文件和文件夾
  ◉ 顯示隱藏的文件和文件夾
  ○ 不要顯示
  ☑ 完全隱藏資料

就必須採用一個
公開的金融登記制度

這一切進行得這麼慢，
真的滿扯的欸！

這攸關政治，
而非科技技術。

我們當然知道
要怎麼確實紀錄
所有存在的資訊！

不過，可能會走向重新分配
這件事，讓這個稅務透明
政策很難真的推動和實施。

沒有人敢碰
這個問題……

嗨，又是我！

別打開！⚠

潘朵拉式論點！

*在2022年7月，有116個金融轄區採用了自動資訊交換

妳一定覺得自己的工作很有意義吧。我呢，現在在做金融分析的相關工作。

總覺得自己走在相反的方向……

我讀了很多關於氣候變化的研究文件。

甚至還參與了各種環保組織……

當我們意識到氣候變遷時，就很難在任何其他事情上找到意義了……

對抗氣候變遷

是21世紀初的首要挑戰

如果氣候是一間銀行

我們可能早就拯救它了

PARIS 2015 COP 21

在科學界數十年的呼籲未果後2015年巴黎舉辦了氣候峰會

會議上簽署的《巴黎協定》

我們的未來呢？

恐龍當初也以為自己還有時間！

尊重我們的母親地球

停止欺騙！立即行動

去你的水泥

就是現在

似乎推動了進展

我認為逃稅問題也阻礙了我們應對氣候變化的行動。

事實上，這問題阻礙了所有事情！

滑滑

這問題瓦解了信任，毀了原有的民主體制，還敗壞社會風氣。

嗯……

弱勢群體感到被拋棄後，他們會轉向支持哪些政治人物呢……？

*宣傳單寫著「把法國還給法國人」

148

過去十年，
幾乎在世界各地

身分認同分歧
都越來越嚴重了

維克多·奧班
極端保守民族主義者，
再次成為匈牙利的總理

納倫德拉·莫迪
印度民族主義者，
成為了印度的總理

雅洛斯瓦夫·卡臣斯基
領導的極端保守民族主義政黨
法律與公正黨（PiS）
成為波蘭執政黨（直到2023年）

唐納·川普
極端保守民族主義者，
當選為美國總統

雅伊爾·波索納洛
獨裁軍事統治的擁護者，
成為了巴西總統（直到2022年）

全部都利用

平民和中產階級
被貶低的感覺，

你們失去了一切，
但只要我上臺，
一切都會改變！

推動一種
民族主義和反移民
的意識形態

我知道是誰的錯，
我要把他們趕出去！

外國人

越快
越好！

我們稱為
「社會本土主義」

這種政策同時捍衛
「民族認同」

對話產生器　　X

政治思想
社會本土主義 ▼ ｜ 國家 ▼
⚠ 請選擇國家　　🗐 ↻

我們一直以來都沒變，
問題出在外國人身上，
所以我們要從最窮的人身上奪取，
再交還給真正的本地人

也在社會和稅收方面
承諾會實施再分配

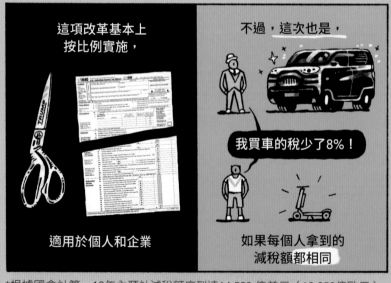

*根據國會計算，10年內預計減稅額度到達14,500 億美元（12,250億歐元）

雖然顯而易見，
但還是必須說

這個趨勢並沒有
增加最富有的人
被課徵的稅收比率。

同樣的道理

**歐洲
中央銀行**

慷慨地實施
量化寬鬆

目的便是
透過創造貨幣
來促使經濟復甦

對啊　　多棒的
　　　　工作啊

這就是疫情來臨時，
我們的處境

Covid-19

在2020年年初席捲全球

迅速使大多數的國家
陷入**更深的危機**

各國政府和中央銀行
發起了新的緊急計畫

克里斯蒂娜·拉加德 ☑
@拉加德

非常時期需要非常政策

3623 ⟲ 1122 💬 7163 ♡
💬　　⟲　　♡　　　　⬆

克里斯蒂娜·拉加德，
歐洲中央銀行行長，
頻繁的發起推特

歐洲中央銀行和
美國的聯邦準備系統（FED）
開始採取行動

「特別行動」，
好耶

他們宣布了一個
壯觀的援助計畫……
但方法還是一樣

歐洲央行首先
注入了

750

億歐元

並持續注入，
直到2年後達到

18500

億　　　歐元

新計畫的目標是？

克里斯蒂娜·拉加德 ☑
@拉加德

噢，嗯，就和上次一樣

0 ⟲　　0 💬　　1 ♡
💬　　⟲　　♡　　　　⬆

克里斯蒂娜·拉加德 ☑
@拉加德

央行再次買下公債和私債，

以支持遭到疫情而
受到重創的經濟活動
……

不斷重複！

---

*Captain Obvious（明顯隊長），網路上用於有人在說一個令人困惑但同時顯而易見的事實時

一切都無濟於事。

由Covid-19引起的危機加劇了全球各地的貧窮……

Orange F 3G　10:03　38%

世界銀行 部落格

初探Covid-19危機造成的貧窮

僅在2020年，這世界上就有大約1.19至1.24億人因這場疫情成為貧窮人口（資料來源：世界銀行）

……而且，不平等的現象日益加劇

2020年
6月1日

瑪格麗特活到了20世紀。

作為一位自由且獨立的女性，她總是勇敢走在時代的前端。

她度過了一個漫長、豐富，且充滿激情的人生，值得敬佩。

幾年前，她可能會跑到國外親自探訪這個病毒起源，就為了寫出一篇報導。

哈哈

哈哈哈

但帶走她的，卻是這個病毒

瑪格麗特的離世，讓家族故事告了一段落

愛麗絲傳訊息給我！

「我很想你們，真希望我也能在那。我們下週末見。」

那個週末，蕾雅、她的姊姊和父母，將最後一次，

造訪阿卡雄別墅

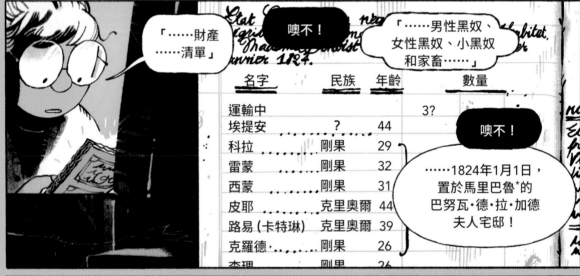

*法屬聖多明哥的一個行政區

媽媽 ›

巴努瓦·德·拉·加德
是我的祖先嗎?

是好幾代前的親戚。
直到我的曾祖母結婚
才開始分家,改姓蓋蘭

我們在等妳回來
吃飯,妳會來吧?

我們要為自己祖先的行為負責嗎?

蕾雅的家族
曾參與萬分不公平
的體制

現在,她都知道了

這在今日是
無法被接受的

那麼

她又參與了
當前不平等體制
的哪一環呢?

她的生活方式,
有什麼會讓
她的後代感到羞恥?

又或者……

說得簡單一點，

有什麼是不會
讓後代感到羞恥的呢？

既然意識形態
隨著時間改變

給：媽媽

我快到了　　送出

今天，我們可以採取哪些行動
來邁向一個更公平的社會？

提案

提案

1

社會資本共有制

> 抱歉,我不同意多米尼克說的!*

> 事實上,即便是今日,我們依然完全可以想像超越資本主義的方法!

> 資本主義的基礎是經濟權力集中在資產所有者手中。

> 謝謝妳來,親愛的。

> 因此,要超越資本主義,我們就勢必要回到公平所有權的問題。

> 啊,妳到了打給我?

> 好吧,那皮凱提教授,雖然我相信你的說法,但要怎麼做?

> 我們可以建立真正的社會資本共有制,讓公司內權力分配的方式更為公平!

> 這根本是一廂情願!

> 並不是,多米尼克!

> 在德國,員工在公司董事會中擁有一半的投票權!他們占了一半的席次,即便在瑞典也有三分之一!

> 就算員工沒有投資公司也一樣!

托瑪・皮凱提

> 如果法國採取這個制度,就已經是跨了很大的一步了!

*改編自《回聲報》副總編輯多米尼克・瑟和托馬・皮凱提每週五在法國廣播電臺(France Inter)的對談

即便如此，這也不會變成員工的天堂，皮凱提教授。

事情沒那麼容易，因為在董事會中，如果股東和員工的票數相等時，

股東還是擁有最後的決定權！

多米尼克·瑟

我同意這一點，也就是因為這樣，才需要再跨出更大一步。

我們必須擺脫那神聖不可侵犯的「一股一票」規則。

這「神聖」的規則使大股東在經濟上擁有更多更大的權力。

而且還賦予極大的權力給那些大公司的大股東！

我們可以想像，在那些規模最大的公司裡，

對股權超過10%的人設定投票上限……

我來用個例子說明，假如您是股東，且擁有25%的股本，

那麼在公司股東會中，您的投票權不會超過10%。

這樣的用意在於，不讓權力僅保留給那些提供資本的人。

美國擁有基金會的大學就是這樣運作的，

而且運作得很好！

2

實施
暫時性
所有制

*請參閱阿特金森（A. B. Atkinson）的《扭轉貧富不均》（Inégalités），Seuil出版，2016年
**約等於新臺幣400萬

沒錯，這麼做的目的又是
改善資本流通

財產的累積不僅僅是個人結果，
也受到社會、經濟、文化等
一整套因素的影響，像是

公共設施：
包括生育、教育、
醫療與交通

社會分工：
透過任務分配，
使得人們能夠
專注於自己的專業

當然，還有
獲得人類累積的知識
藉由知識傳承，
讓每一代都不必從零開始！

因此，要求那些有能力
累積資產的人

挑戰
法國的財富

每年歸還給
社會一部分資產
是很合理的

唯一反對這個邏輯的論點，
我們在之前已經看過了

那就是對潘朵拉盒子的
畏懼

新上映
神話與傳說

*海報上寫著：潘
朵拉為什麼不該
打開盒子？

開往巴黎蒙帕納斯的
8534號列車即將
停靠在一號月臺

提案

3

邁向一個 社會 聯邦制 的歐洲

社會本土主義的陷阱煽起了平民階級和歐洲之間的分裂之火，我們要如何才能跳出這道陷阱呢？

如果法國脫歐

可以讓我們擺脫穆斯林呢？

歐洲是伊斯蘭左派嗎？

在沒有任何共同稅收和實際預算的情況下

歐洲聯盟

更像是一個國際組織

就像聯合國

而不是聯邦政府

但是，今天誰會覺得自己是「聯合國人」呢？

在像是美國或是印度的大型聯邦國家中

聯邦預算占國內生產毛額（GDP）的 <u>15%至20%</u>！

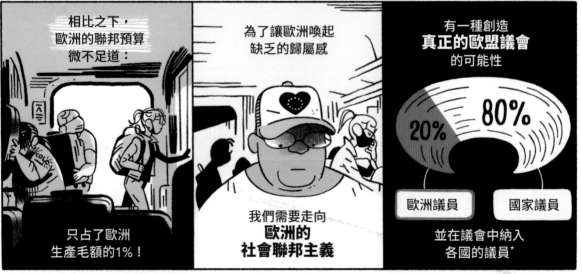

相比之下，歐洲的聯邦預算微不足道：

只占了歐洲生產毛額的1%！

為了讓歐洲喚起缺乏的歸屬感

我們需要走向 **歐洲的 社會聯邦主義**

有一種創造 **真正的歐盟議會** 的可能性

80%

20%

歐洲議員

國家議員

並在議會中納入各國的議員*

*正如皮凱提等人主張的歐洲民主化宣言《歐洲民主化條約》（*T-Dem*）所倡導的

164

這個概念是將會員國之間徵收
四項共同稅收的權力轉移給歐洲議會

| 高財富稅 | 高所得稅 | 企業所得稅 | 共同碳稅 |

這些稅收可以帶來
歐洲生產毛額的4%
並用於資助，其中

大約一半

可以返回各國

這些國家可以進一步降低
平民和中產階級的稅收

另外一半

可以當作共同投資預算

作為能源轉型、研究和培訓，
以及接收移民的基金

然後，這個混合議會將
制定成員國應該致力的
優先事項

| 贊成 | 反對 | 棄權 |

以及
相關稅收

這個改革的目的
始終在減少不平等現象

無論是在
歐洲裡

還是在個別國家內

最終目標是
讓不同國家的人民

感受到他們屬於
同一個 政治 共同體

4

發放民主平等券

哎呀，我真是笨手笨腳的！

全都掉到地上了。

我來幫您吧。

好多黨派的名片，您在收集嗎？

嗯，可以算是吧。

……我不知道要選哪個，所以我就捐錢給了所有的黨派！

在今日的法國，政黨的主要捐款來源，便是最富裕的人

當然啦，我的朋友們並不會捐款給所有人。

這不僅有民主問題，還有其他問題

由於這些捐款大多數都可以用來抵稅

您的捐款將可以抵銷 **66%** 的稅金！

也就是說，實際上是由 全體納稅人 資助富裕人士的政治偏好

為了解決政黨經費問題

一個石頭

彈兩下

也為了鼓勵公民 **積極參與** 政治和民主生活

經濟學家茱莉亞·卡熱提出了一個想法

也就是 **民主平等券**

茱莉亞·卡熱
提倡
民主平等券
的概念

我們可以想像一下：
當每一個人在申報今年的
所有所得時，

每位納稅人都會收到
一張同等價值的年券，

例如5歐元。

憑著這張年券，
你可以自由選擇自己
喜歡的政黨，

並進一步
入黨，成為
該黨黨員。

除此之外，
再加上⋯⋯

不論組織大小各類政黨
必須獲得一定比例支持，
才有資格參選中央或
地方的選舉，

這項新工具將使每個人，

無論社會背景
是好是壞，

每個人都有
能力去參與政黨革新
的相關議題討論。

長遠下來，
這會使我們議會民主
更加、更加活躍！

噹噹噹噹

各位旅客請注意，
本班列車即將抵達
巴黎蒙帕納斯站。

車掌與全體列車組員
在此獻上衷心感謝，
並由衷地祝賀

一路
搭乘的乘客！

?

在這段漫長旅程中，
您所排放的二氧化碳，
比自駕少了近百倍！*

又是
二氧化碳！

再過沒多久，
他們就要禁止
我們呼吸囉！

*根據法國國家鐵路公司（SNCF）的數據，從波爾多到巴黎，一個人乘坐火車會排放1.2公斤的二氧化碳，自駕則是113.3公斤

5

課徵
累進
和
個人碳稅

在這些反動言論之外……

您難道不覺得
我們花太多力氣
關注氣候問題了？

有沒有一種可能……
只有您不夠關注呢？

……這不是一個
受歡迎的想法，
但是我們必須承認

想要
實質減緩

氣候變遷

最有效的方法
就是制定
標準和禁令

但是這些標準和禁令
應該輔以其他
鼓勵性的措施

計程車 ↑ | 停車場 ↑
戴高樂－奧利
機場列車 ✈ →
地鐵 ④⑬ Ｃ 城郊列車 →

像是實施
**碳排放
累進稅**

這項稅率會
隨著排放量提高

Ⓡ 通往機場的
城郊列車
長途飛行

地鐵和休息室
Ⓜ⑬

前往奧利機場
的計程車 Ⓣ
國內每週航班

結果是
在企業另外納稅的情況下

在世界的
每個角落
發現
天然氣

Ⓜ 蒙帕納斯

我們可以考慮
對個人消費者
實行累進稅制

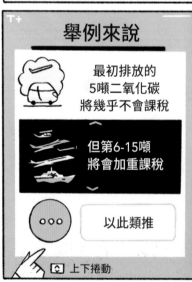

舉例來說

T+

最初排放的
5噸二氧化碳
將幾乎不會課稅

但第6-15噸
將會加重課稅

○○○　以此類推

⇕ 上下捲動

如今，世上每個人的
平均碳排放量*都過高

在里斯本度過
美好週末

忘了自己的
碳足跡！

每年高達5～6噸

如果要實現《巴黎協定》
將全球氣溫升高控制在
工業化前的2°C以下目標

現在還能有這種廣告!?
未免也太不合理了吧!!

那麼每人年度碳排放量
就不能超過1～2噸
（約是巴黎紐約來回一趟）

*這主要可歸咎於法國興盛的旅遊業

這邊查票，謝謝。

要實施這種措施，就會涉及
兩種條件
雖然困難但不可或缺

第一種

請問您是要去機場嗎？

您是國內線還是長途飛行？

蛤？

我盯著你。

我們需要知道**每個人的排放量**

在某些消費上已經落實這一點了，例如電費帳單

智慧電表

但是這是為了你好。

但是，要如何解決對數位監控的合理擔憂呢？

第二種

很抱歉，這票驗不過，您必須繳納罰款才行。

什麼!?

要讓普羅大眾接受這種碳稅且確實發揮作用

碳稅的稅收必須全部專門用來處理一件清楚的目標：

補償中低收入戶的稅收

要是有沒有買票的罰款都一樣的話，這樣我以後就不買票了！

2018年提出的**法國碳稅**並不符合這兩種條件

最好的交易

第1名的二手車

這個稅主要針對個人汽車使用者

因此主要影響經濟上最弱勢的族群

國家 搶錢

小心扒手

不僅如此，
這個稅還被用來彌補因刪去財富稅所導致的稅收損失！

我們已經看到了人們對這項措施的反應

黃背心運動

這些照片描繪出一場**走遍全世界**的抗議活動 展覽
法蘭西斯拉蘭尼博物館

我不要!

國家 搶錢

我們目標是制定一項清晰、公平，

喔，最後她沒有罰我錢，因為我找到收據了！

如果我真的有逃票，我才不會反駁！這沒什麼好說的！

且公正的氣候政策

6

個人教育和培訓資金

在今天的法國，政府對學費的投資存在著巨大的階級差異

在整個學校教育中，政府只資助資源最缺乏的學生65000至70000歐元的學費

但其他學生的課程卻獲得200000至300000歐元的國家稅金補助

而個人教育和培訓資金的目的是，讓每位學生都有大約200000歐元的資金

並且，如果在初等教育後，補助金額仍有剩

增進自己的能力永遠不嫌晚！

欲了解詳情，請聯繫

學生則可以在之後的培訓中使用剩餘的補助金

學生也可以選擇將差額支付給

接納弱勢兒童

的初等和中等教育機構

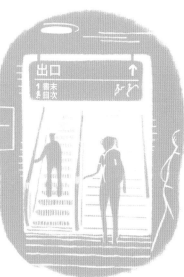

*牆上貼著「他愛她所以殺了她」的標語，2019年法國出現「拼貼殺害女性（Collages Féminicide）」的運動，女性主義者們在街上用白底黑色的紙張到數貼上標語，像是「我們從不為愛殺人」、「爸爸用刀子殺了媽媽」、「你聖誕禮物想要什麼？活著的媽媽」

目次

致謝

非常感謝班亞曼‧亞當，你是充滿同理心、幽默感及才華的完美夥伴；阿梅莉‧謬熱 (Amélie Mougey)，讓我參與這個龐大且有趣計畫；希爾‧萬里卡 (Sylvain Ricard) 和法蘭克‧布爾熱龍 (Franck Bourgeron)，謝謝你們陪著我們；胡葛斯‧傑龍 (Hugues Jallon)，謝謝你給予我的信心；卡米爾‧德魯埃 (Camille Drouet)，謝謝你嚴格的校稿。

非常謝謝《漫畫雜誌》(La Revue Dessinée) 以及門檻出版社 (Seuil) 的團隊，與我們一起做了這本書。

謝謝托瑪‧皮凱提豐富且正確的分析。

謝謝勞拉和托瑪的建議。

謝謝帕斯卡 (Pascal) 一直以來的支持。感謝你一直都在。

非常謝謝布魯塞爾 (Bruxelles)，你懷有能啟發人心的靈魂。

克萊兒‧阿萊

感謝法蘭克、希爾、阿梅莉、凱特 (Cat)、勞倫斯 (Laurence)、艾瑞克 (Éric)、盧思 (Luceet)，以及感謝《漫畫雜誌》和《草圖雜誌》(Topo) 的團隊這些年的信任和友誼；感謝克萊兒你嚴謹的工作態度，以及你的聆聽及熱情；感謝克莉絲汀 (Catherine)，我第一個以經濟為主題的同事；感謝艾瑪 (Emma) 和卡米耶 (Camille) 的完美主義和幽默；感謝門檻出版社在這個工作中給了極大的自由；感謝各個時代的雕刻師、畫家、攝影師、製圖師、排版設計師和海報設計師，沒有他們，就無法完成這項計畫；感謝德爾菲納 (Delphine)、瓦倫丁 (Valentin)、賽布 (Seb)，以及所有 Oasis 4000成員和其他的朋友，感謝你們在這段難以置信的賽跑中給予我寶貴的支持。最後，特別感謝《Kif-Kif雜誌》的同事們。

班亞曼‧亞當